AF404599

Ludovic Malquin

(1868-1904)

« Ne faire que ce que l'on veut,
« C'est-à-dire ce que l'on juge être bien,
« Ce que l'on trouve beau,
« Voilà notre morale.
« Nous ne pouvons y manquer,
« Sans avoir honte et nous mépriser. »

IMPRIMERIE DE CHOISY-LE-ROI

24, AVENUE D'ALFORTVILLE, 24

1907

Je ne puis me défendre d'une vive émotion en commençant ces lignes destinées à consacrer la mémoire de Louis Malaquin. Entre nous était née, une amitié plus haute que celle qui unit d'habitude les camarades sympathiques ; une affection intellectuelle, si je puis dire. J'aimais la tournure indépendante et fière de son esprit, sa logique poussée à l'extrême ; j'aimais sa soif de vérité, ses indignations contre toute injustice, son intransigeance dans la bonté. J'aimais son audace tranquille, sa combativité, sa force de volonté. Nul n'eut plus que lui confiance en la puissance de l'idée, nul ne montra plus de courage à déclarer hautement son opinion, nul ne sut mettre mieux que lui sa vie d'accord avec ses principes ; et nul ne la dépensa pour les autres plus généreusement que lui.

Aujourd'hui que, devant la tombe prématurément close, nous avons payé le tribut de larmes que nous devions à la douleur d'une si brusque et si cruelle séparation, il nous faut oublier que ce cœur si vibrant a cessé de battre, que cette activité inlassable s'est éteinte pour toujours, que cette âme si haute, brillante comme le feu rouge d'un phare, s'est éteinte dans la nuit du néant, et tourner nos regards vers son œuvre. N'est-ce pas, en effet, dans l'œuvre d'un homme que survit son âme et par l'œuvre seule que son nom doit passer à la postérité ?

Louis Malaquin fut surtout et avant tout un homme d'action. Aussi ne s'étonnera-t-on pas que l'œuvre écrite qu'il a laissée, au lieu de remplir de compacts in-octavo, se résume en quelques articles de combat composés en pleine lutte et pour la lutte. Son œuvre morale, en revanche, est considérable. C'est que, Louis Malaquin fut aussi un homme de grande foi humaine, comme d'autres, en d'anciens temps, le furent de foi divine. On peut contester sa manière de voir, on ne peut nier sa sincérité. Et cette sincérité, appliquée à des convictions scientifiquement raisonnées, partant de la bonté immense pour atteindre à la justice sociale, lui attachait pour toujours ceux à qui les vives lueurs de son intelligence montraient la voie, et le faisait estimer même de ses contradicteurs.

Quels furent les principes de sa vie ? la lecture de ses articles le montrera. Quelle fut cette vie ? les discours prononcés à ses funérailles l'apprendront. Je désire simplement montrer cet homme de foi et d'action tel que nous l'aimions, tel qu'il restera toujours dans le souvenir de ceux qui le connurent.

Je vis Louis Malaquin, pour la première fois, il y

*a bien des années, dans le bureau d'imprimerie où
je corrigeais les épreuves* d'Art et Critique. *J'avais
entendu parler de lui par ses camarades de Condorcet, sur qui sa personnalité avait fait impression. L'un
d'eux l'avait chargé de m'apporter un manuscrit et
il se retirait modestement sans s'être nommé, lorsqu'une note me révéla la qualité du porteur. Je le
rappelai, nous causâmes, nous causâmes même fort
longtemps. Jamais je n'avais entendu jeune homme
s'exprimer avec autant de netteté, de franchise et d'énergie. A la surprise succéda un irrésistible courant
de sympathie et d'estime. Dès cet instant, je lui vouais
une amitié, à laquelle je ne pensais pas qu'il pût
échoir, un jour, le soin pieux d'ensevelir sa mémoire.*

Louis Malaquin débuta à la revue Art et Critique,
par un article sur Mac-Nab, *le poète satirique de*
l'Expulsion, le Bal de l'Hôtel-de-Ville *et du* Méétingue.
Voici un passage de cet article :

« Son imagination fantaisiste, forte et féconde, a
créé un type qui restera, le type de l'ouvrier « anar-
« chisse ». Ce successeur du gueux et du sans-culotte
qui, dans les cerveaux des jolies « capitalisses » et de
leurs greluchons, est un être subjectif parfaitement
réel, que Mac-Nab s'est figuré avec verve, et qu'il a
individualisé avec une grande puissance de rendu.

« Le véritable est loin d'être aussi amusant que ce
Jocrisse de la plèbe, ridiculisé pour le plaisir des
gens du monde...

« Quant à l'effet produit à la déclamation de ses
vers, il est toujours très grand sur l'ordinaire sensiblerie des milieux mondains.

« Mais pour expliquer cet effet, on ne doit pas séparer l'auteur de son œuvre, car le succès de ses poésies tient, en outre, en grande partie à la façon dont l'auteur les interprétait.

« Il récitait impassible, le lorgnon ancré sur un nez fortement dessiné, caractéristique de sa face sombre et barbue, où pas un muscle ne tressaille ; il poursuit froidement, sans un geste, les mains sur le ventre ou l'index légèrement levé, l'air tranquille et convaincu, la voix tranchante et rauque... »

La précision de cet instantané est remarquable et l'on peut admirer avec quelle justesse chaque mot bien à sa place y fait image. Louis Malaquin eut pu avec succès se consacrer à la littérature, son tempérment le porta vers la critique : la critique des livres, la critique des mœurs.

Lisez cette conclusion d'une critique littéraire :

« Combien votre roman eût été plus intéressant, votre talent, très réel, mieux employé, si, en sincère littérateur, en pur artiste, vous eussiez eu avant tout autre culte, celui de la vérité ; on ne l'a jamais sans avoir en même temps le souci de l'originalité. »

Pour les critiques de mœurs, lisez le morceau suivant de si puissante ironie :

PATRIOTISME

« Comme il fallait quelqu'un de convenable pour ce travail-là (un travail de plomberie dans un appartement bourgeois), l'entrepreneur avait envoyé le

grand Charles (le Suisse), il était sûr de sa politesse
et de sa vivacité. Point d'inquiétude à avoir avec
lui, non, « l'ouvrage serait proprement faite », seulement, et le patron n'y comprenait rien, pourquoi
diable le Suisse était-il aussi détesté de ses camarades ? Il ne pouvait garder aucun manœuvre, et avec
le nouveau, ça n'allait pas durer longtemps ! Une
tête de Parisien, celui-là, faubourien vaniteux, peu
intelligent, il ne cherchait pas à apprendre le métier,
tout effort en ce sens l'eût humilié ; et son amour-
propre s'irritait de ne pas inspirer confiance, de rester
perpétuellement aide ! S'il servait assez volontiers le
grand Charles, c'est qu'il pouvait, sans crainte d'être
rabroué, parler haut, faire de l'épate ; l'autre, résigné,
le laissait aller, l'utilisant le moins possible ; ce dont
le flâneur abusait en raillant : « Des lâches, les Suisses,
« pensait-il, ça n'ose pas commander, je lui enver-
« rais mon pied quelque part, qu'il dirait merci ; tête
« de boche, va ! » Au fond le grand Charles, désirant,
avant tout, rester chez le patron, feignait de ne rien
voir et mettait dans ses ordres une douceur exagérée :
« Va de l'autre côté, tu tireras à toi la conduite, veux-
« tu ?... » Ce « veux-tu ? » commençait à exaspérer le
Parisien.

« Dans l'après-midi, le contremaître vint. « Ah !
« voilà M. Dalet, laisse ça là un moment, » dit l'ouvrier à son aide qui promptement s'était mis à la
besogne et s'éloigna en murmurant : « Il se moque de
« moi, ce Suisse, mais nous verrons. » Quand Charles
reprit son ouvrage, et que, sans se retourner, il de-
manda au manœuvre : « Passe-moi les cisailles, veux-

« tu ? » Le Parisien, les mains dans ses poches, s'avança d'un air narquois :

« — Ah tu crois que ça va se passer comme ça !
Puis lentement :

«   — Dis donc, est-ce que t'as l'intention de me faire passer pour un feignant ?

« — Quoi ? qu'est-ce qu'il y a encore ?

« — Ce qu'il y a ! Il y a que tu veux me faire flanquer à la porte !

«— Moi ?

« — Oui, toi. Quand le contremaître m'a demandé si je n'avais rien à faire, je n'ai pas voulu y répondre... mais je m'expliquerai à l'atelier !

« — Tu feras ce que tu voudras, ça m'est égal ! Passe-moi les cisailles ?

« — Tu m'as retiré le travail des mains, tu m'as forcé de te regarder travailler ; comme si je ne savais rien faire... mais je ne suis pas un feignant, moi, je te le prouverai. On en a assez de tes manières ! — On n'aime pas ceux qui font les malins, à Paris ! t'entends ?

« — As-tu bientôt fini ?... tu cherches quelque chose, hein ?

« — Oh ! tu sais, faut pas que tu te croies dans ton patelin ici, ma vieille.

« — Qu'est-ce que ça peut te faire ?

« — Ça me fait que je voudrais bien savoir pourquoi que tu n'y es pas resté, chez toi ? il n'y a donc pas de pain dans ton pays... peuvent pas travailler chez eux, faut qu'ils viennent nous faire du tort... ici, c'est mon pays, à moi, j'ai le droit d'y vivre ; toi, tu

vis à nos dépens, tu prends la place d'un Français !
C'est nous que tu voles, quand t'empoches l'argent
de ta semaine, quand tu fais un magot pour l'empor-
ter dans ton pays de meurts-de-faim et ça te suffit pas,
faut encore que tu nuises aux autres ! tu m'empêches
de gagner ma vie, tu me fais passer pour un feignant !
Sale Alboche !

« — Ceux qui savent travailler gagnent leur vie
partout, tu sauras ça, et tais-toi.

« — C'est à moi que tu contes ça, c'est à moi que
tu dis que je suis un feignant !

« — Oui, t'es un feignant !

« L'aide le prit au poignet brusquement :

« — Ah ! je suis un feignant ?

«— Lâche-moi ! sale gouape !

«— Non, les copains me connaissent ; j'ai de la
famille, on sait qui je suis ; toi, t'es sorti de ton pays ?
Parce que tu y as fait quelque chose de pas propre,
pardi ! et que tu viens nous espionner !

«— Ne m'insulte pas, ou... dit le Suisse blémissant.

«— Des menaces, tu vas voir s'il y a des feignants
en France ! je ne fais pas mes coups en dessous, moi,
tiens !...

« Ils s'étreignirent et roulèrent au milieu des outils
acérés. »

Son sens de l'observation, la tournure sarcastique
de son esprit, le talent qu'il avait, à un haut degré,
de faire jaillir une grande idée d'un dialogue ramassé
et vivant, pris sur le vif, le désignait comme un auteur
dramatique né. Il ne fit représenter que deux pièces :
Anachronisme, avec Georges Roussel, et *Lardot et*

*C*ⁱᵉ, avec Lugné-Poë ; mais combien en avait-il d'échafaudées et de prêtes ! Il fut, du cercle dramatique des *Escholiers*, un des fervents de la première heure du *Théâtre Libre* et contribua à la fondation de l'*OEuvre*. Très averti sur toutes les choses de la scène, ses critiques étaient lumineuses et ses conseils précieux. Malheureusement, d'autres soucis lui firent délaisser un art pour lequel il était si bien doué, et auquel sûrement il serait revenu.

A cette époque, Louis Malaquin faisait son droit, mais loin de s'incliner devant l'autorité des juristes, il les discuta. En confrontant l'œuvre des législateurs avec ce que lui avait appris l'histoire, et ce qu'il voyait chaque jour dans la vie, il reconnut que leur intervention avait été néfaste, qu'ils avaient sacrifié les grands principes d'humanité aux conventions sociales ; et, en approfondissant l'arbitraire des lois, il apprenait à les détester. Aussi était-ce en parfaite connaissance de cause qu'il voulait, à la société basée sur la force, opposer un communisme fondé sur l'amour, permettant la libre expansion de l'individu. Il n'est donc pas étonnant qu'il ait été séduit par les idées libertaires que les anarchistes propageaient alors bruyamment.

« Vivre pour les autres, et y trouver sa joie, écrit-il, c'est proprement l'idéal anarchiste et c'est un des points qui les font traiter de rêveurs stupides. La contre-partie est : de vivre aux dépens des autres et de leurs souffrances. »

Un mal brusque vint le clouer pour de longs mois

*dans son lit, et, lui que nous avions connu si alerte, si
ingambe, nous le revîmes se traînant péniblement sur
des béquilles, qu'il ne devait jamais plus quitter. Ç'aurait dû être un avertissement d'avoir à ménager ses
forces, mais, au contraire, il ne songea bientôt qu'à se
dépenser de plus en plus, comme si, prévoyant que ses
jours étaient comptés, il eût voulu s'efforcer de.les
bien remplir.*

*Forcé de vivre au bord de la mer. dans une petite
ville du Pas-de-Calais, il m'écrit :*

« Je fais un travail de réflexion qui personnellement
m'intéresse, parce que je le fais avec facilité et plaisir,
alors qu'à Paris il m'était fatigant. Cette occupation
suffit à mon activité, dont la plus grande part est
consacrée à une vie silencieuse.

« Deviendrais-je moins sectaire ? Ça dépend des
jours, car parfois il me semble qu'il faut se sectariser
pour avoir la force, et ma joyeuse religion d'anarchie
est une orthodoxie de logique qui m'a toujours séduit.

« Le journal de X... commence à me dégoûter de
la littérature, il y a de quoi réfléchir, toute cette génération d'écrivains semble mue par des mobiles étrangers à l'art. »

*Il ne reste pas longtemps inactif, et ne pouvant se
lancer dans la mêlée, il se voue au professorat, il pétrira
les âmes neuves de la génération future. Il sait combien il est difficile aux hommes faits de se débarrasser
des préjugés qu'une éducation mensongère a incrustés
dans leur esprit, il sera un éducateur de bambins,
avant d'être un éducateur de foules.*

« Les mois de la saison (à la mer) sont caractérisés par un déchaînement de bêtise et de puffisme que je ne m'imaginais pas. J'ai pu m'en rendre compte, car j'ai joué un rôle : j'étais professeur de latin — j'ai tâché d'être pitoyable à mes élèves, un peu en trahissant mon mandat, mais mes rapports avec les PARENTS m'ont donné tous les courages. »

Je copie une autre lettre :

« C'est par l'enfant qu'il y a chance de régénération, l'homme fait est un produit, un composé fixe, même quand il voit le mieux, il ne peut le réaliser ; l'enfant absorbe ce qui l'entoure et s'en constitue.

« C'est pour cela qu'un éducateur a, moins qu'un autre, le droit d'être lâche ou menteur. C'est à frémir de penser à ce que l'on fait des enfants dans les écoles libres, comme par exemple l'institution X..., dont j'ai un élève. — Une discipline minutieuse et implacable. — la dénonciation encouragée, récompensée — conversations surveillées — défense de correspondre avec le dehors sans autorisation du supérieur, — défense d'avoir des livres à soi, — instruction religieuse sous tous prétextes.

« Mon pauvre élève a à faire des devoirs de vacances choisis dans le livre fait par E. Ragon, agrégé de l'Université, professeur à l'Institut catholique de Paris. La première version grecque que j'y lis, est une ode d'Anacréon ; oyez-là :

« Jolie colombe, ruisselante d'essences parfumées,
« où vas-tu, à qui es-tu ? « « — Pour un petit poème.
« Vénus m'a donnée à Anacréon, je lui fais ses com-
« missions, je viens de porter un message au jeune

« garçon Bathyllus. Mon maître est si bon que, même
« s'il m'affranchissait, je continuerai à lui porter ses
« messages. »

« L'attitude de mon jeune traducteur était assez
curieuse, et je ne me suis pas appesanti sur le rôle de
la Cythérée et de ses colombes.

« Or, le père vient de me retirer cet élève parce
qu'un professeur de l'institution s'était indigné qu'on
eût confié le jeune homme à un laïque. »

Autre lettre :

« Vous avez deviné juste pour la santé de votre
compagnon et aussi pour le nombre des élèves, même,
ô le merle blanc ! j'en ai déniché un à cent sous le
cachet — ça se paie cher la bonne parole.

« Voici l'heure d'aller parler des propriétés du
triangle isocèle à un jeune éphèbe du lycée de X...
où paraît-il *la Révolte* était achetée par les rhétoriciens
qui se firent anarchos pour embêter le proviseur. »

*Au cours de son professorat, il reconnaît bientôt que
ce ne sont ni leurs facultés d'assimilation, ni la bonne
volonté qui empêchent ses élèves de profiter des leçons
morales qu'il leur donne, ce sont les méthodes d'enseignement. Là encore, il se heurte au système autoritaire.*

« L'instruction librique, m'écrit-il, technique, caté-
gorisée, scindée, est assez pratique, mais il faut
intéresser l'enfant par le simple attrait, puisque nous
répudions toute obligation et sanction. Les méthodes
actuelles pratiquées avec un esprit libertaire, me semblent difficiles, car la méthode reflète l'esprit. A enseignement arbitraire, système idem. A enseignement

naturel, il faut un système plus souple, plus complexe mais moins divisé en compartiments rigides, moins machinal. »

Dès cette époque, Louis Malaquin entrevoit tous les bénéfices que les enfants des villes recueilleraient d'un séjour à la campagne et réciproquement, ceux de campagnes d'un séjour à la ville. Il rêve tout un projet d'échanges permettant à l'enfant passant d'un milieu dans un autre, de s'améliorer, de développer son individualité et sa sociabilité. Ce qui manque aux hommes pour être bons, c'estde se connaître. Tout au moins voudrait-il voir s'organiser ces colonies de vacances dont depuis la Ville de Paris a pris l'initiative. »

« J'appellerai volontiers ces vacances, m'écrit-il, l'école réelle, au sens étymologique. L'idée a séduit tous ceux à qui je l'ai exposée. Je crois que l'on changerait beaucoup les idées et les sentiments des enfants des villes et des villages en les faisant se connaître. Et à l'exode des citadins vers les campagnes, je voudrais que correspondît le séjour des petits campagnards (dix à quinze ans), à la ville. Et cela en créant des relations entre une famille rurale et une famille urbaine. J'y vois avantage pour l'hygiène morale autant que pour le physique...

« Le rôle de professeur est celui d'entremetteur, le résultat sera de vivifier l'éducation, l'instruction vient en second, n'est-ce pas ? Les sciences sont par elles-mêmes anarchistes. Ce n'est pas par des cours que l'on forme le cœur, le jugement et les mœurs. »

Voici maintenant un aperçu de ce que les petits citadins apprendront à la campagne :

« Les enfants y verront la nature et la grande collaboration du soleil, des saisons et des éléments avec
l'homme ; la beauté des horizons, des nuits, des ciels,
etc. Toutes choses inconnues à Paris. Le paysan ne
leur apparaîtra plus comme un endimanché balourd
et bête, quand ils le verront à son œuvre, dans son
milieu. J'espère qu'ils auront à cœur de se rendre
sympathiques, ne feront pas les blagueurs et qu'ils
chercheront à comprendre le rythme des champs, la
naissance des choses, le travail des fécondités, la vie,
enfin, qui apparaît là dans tout son mystère et dans
toute sa nudité. L'action des germes est visible, l'effort
des sèves vers le soleil éclate en frondaisons. — Je
voudrais qu'ils eussent une joie grave. »

*Les crises intérieures et extérieures que nous tra-
versons alors ne passent pas sans l'émouvoir profondément. Elles ne font que le confirmer davantage dans
ses idées. Il entre en relation avec certains promo-
teurs du mouvement libertaire, se met en rapport avec
différents groupes, encourage les uns, aide les autres
et donne à tous les conseils que son intelligence, son
bon cœur et son savoir lui suggèrent. Sa santé s'étant
rétablie, le voilà qui propagandise. Il collabore aux
feuilles d'avant-garde, il y expose ses idées avec netteté et précision et se fait éducateur des hommes après
l'avoir été des enfants. Il leur dit, en somme : N'atten-
dez rien, ni des dieux, ni des autorités, ni des lois, ne
comptez que sur vous, sur votre effort, sur votre
volonté, et unissez-vous librement par la bonté, comme
vous l'êtes obligatoirement par la force.*

Mais la polémique de presse ne lui semble pas être

de l'action. Pour lui, l'action, c'est payer de sa
personne, porter la bonne parole, parmi les déshérités
et les parias, se mêler à eux, les aider dans leurs
revendications, se dépenser. Transplanté à Nice, la
ville cosmopolite, il y trouve bientôt un milieu favo-
rable au développement de son activité.

Il m'écrit d'abord :

« Voici un mois que je vis en montagnard, dehors
du matin au soir. Chaque soir je rentre tout grisé
d'air et du parfum des plantes aromatiques qui tiennent dans la montagne toute la place que laissent les
pins et les oliviers... A ma surprise, aller dans la
montagne ici, ne veut pas dire grimper, les routes en
lacets sont si douces que l'on ne s'aperçoit qu'on
monte qu'à la vue qui s'étend... Je dors au bruit ber-
ceur des petites vagues méditerranéennes; quelle mer!
Il y a eu cependant un jour de la semaine dernière
où elle a escaladé le quai ; mais on voit que c'est pour
rire... Elle a plu sur moi trop curieux, mais il faisait
tant de soleil que j'ai fait sécher mes pelures en un
quart d'heure. »

Puis ses préoccupations le reprennent :

« Sébastien Faure a fait ici une série de conférences
dont le succès a été extraordinaire, étant donné le milieu semi-royal et impérial. »

Il entre dans la mêlée.

« Le peu d'agitation que j'ai fait à Nice, cet hiver,
a bien rendu. Les deux groupes socialistes se montrent très aimables, les francs-maçons me font risette
(en vain), les Droits de l'Homme sont charmants et
marchent bien. Les libertaires italiens et russes fra-

ternisent avec ceux de Nice et donnent une vie active au groupe. Une bibliothèque libertaire s'est fondée facilement. Enfin, à force de bafouiller à droite et à gauche, j'ai pris l'habitude de laïusser... J'ai pour les foules une âme de pion ! »

Il m'écrit plus tard :

« Le mouvement social à Nice a pris de l'extension, en dehors du gâchis électoral. Nous sortons d'une série de conférences dans des localités où la bourgeoisie cléricale règne à la moscovite, et nous y prêchons carrément, le communisme municipal, l'antimilitarisme, l'athéisme. Dans les masses, la propagande a jusqu'à présent excité la curiosité et la sympathie ; combien de militants en sortiront ? »

Mais haranguer la foule, conférencier, être de toutes les réunions, de toutes les révoltes, de toutes les manifestations, n'est pas assez. Il faut prendre encore plus fortement en main la défense des opprimés, il veut les disputer à ce que l'on est convenu d'appeler la justice, et lutter face à face avec les représentants de l'autorité et de la loi ; il se fait inscrire au barreau. Voici en quels termes il m'annonce cet événement :

« Je continue à ne plus comprendre grand'chose à ma vie, il me semble que les autres en disposent plus que moi. Je passe l'été à Nice, je suis inscrit au barreau de Nice, j'ai engagé ma liberté dans un journal, je travaille dans un consulat. C'est l'été, dit-on ici, c'est le diable, si je m'en rapporte à la queue d'icelui. Heureusement, il fait un temps superbe, une chaleur très aérée qui ne dépasse pas 28°. Nice est aussi jolie l'été que Paris, avec en plus la Méditerranée, comme qui dirait aux Champs-Elysées. La montagne calcinée prend des aspects orientaux, avec autour des sources de larges taches de verdure. »

Quelques jours après :

« J'ai pour la première fois défendu en robe à la correctionnelle deux anarchistes italiens qui s'en sont tirés avec l'extrême minimum : l'amende. La mère de l'un d'eux m'embrassait les mains en pleurant, à la sortie. J'étais aussi ému qu'elle. »

Un avocat qui prenait vraiment à cœur les droits des exploités, un avocat qui s'acharnait à la défense des causes les plus ardues et les plus dangereuses, un avocat pour qui les plus pauvres étaient les plus intéressants, ne devait pas manquer de clients.

« En fait de causes, me dit-il, je vous ai écrit que ça ne manque pas, je ne suis néanmoins pas encore blindé et je pince des colères blanches en correctionnelle, qu'il me faut étouffer sous des phrases conventionnelles pour ne pas nuire aux malheureuses victimes. »

Il est bientôt assailli par la meute des pauvres diables traqués de tous côtés, que généralement les avocats envoient promener ; et à aucun il ne refuse son aide.

« J'ai trop de clients, surtout de ceux qui s'attachent à moi comme des noyés à une perche, et je turbine dans la procédure ! Je me soulage le soir en faisant de l'agitation, je suis devenu bavard, et si, comme le pense C., nous ne verrons pas triompher les idées nouvelles, nous leur aurons toujours montré combien les actuelles sont dégoûtantes. C'est mon plaisir que toute souffrance jette son cri et je prête ma voix pour ceux qui sont aphones. Ça me distrait des saisies et des conclusions ou des inévitables trois mois de prison. »

Au bout de quelque temps, l'agitation porte ses fruits, vingt -trois syndicats quittent la bourse municipale pour se rendre indépendants de toute tutelle politique et administrative. Ces syndicats en révolte contre le maire et le préfet, chassés de leurs sièges sociaux par la police, organisent réunion sur meeting et manifestations diverses. Louis Malaquin, bien entendu, est avec eux.

« C'est un effort tout de dignité, m'écrit-il, mais qui coûte cher. Naturellement, ils ont raison et je ne pouvais rater cette belle occasion de les convaincre de leurs droits, ce qui me fait traiter de sale bourgeois par les jaunes et de sale anarchiste par les bourgeois. »

Le voilà heureux, en lutte ouverte contre l'autorité. Traînant après lui toute l'armée des sans-travail, des sans-le-sou, des sans-patrie, victimes innocentes de l'organisation sociale, grossie de tous les révoltés qui s'insurgent de voir la force émanant de la nation au seul service des menteurs, des exploiteurs et des riches. Les lettres se font rares, car ce ne sont plus que des notes sur la situation ou des bulletins de bataille.

« Ici on étouffe, non de chaleur, car c'est tout juste s'il ne gèle pas à midi, mais d'indifférence pour tout ce qui n'est pas idiot ou sale. — *On est en temps de carnaval.* — Tout le mouvement intellectuel ou social (les deux sont confondus) est concentré sur cinquante individus autour desquels on fait le désert à l'aide de nuées de policiers. La seule résistance que rencontre encore la tyrannie policière aux ordres de l'évêque et du maire, c'est la section des Droits de l'Homme qui s'est renforcée et est inlassable. »

Le 18 janvier 1903, il m'annonce qu'il vient à l'unanimité d'être élu président de la section des Droits de l'Homme. Et il ajoute :

« Au palais de justice, les magistrats ont déclaré publiquement que l'anarchie était une opinion comme une autre. Je ne trouve d'hostilité sans merci que parmi les juges du tribunal de commerce. Ceux-là sont bien plus féroces que les professionnels. Les gros commerçants sont ici de réels militants. A propos de la fondation d'une coopérative syndicale, exclusivement et de but avoué, communiste-révolutionnaire, j'ai fait une série de causeries sur le vol commercial qui, je l'ai pensé depuis, ont dû me faire considérer comme une canaille ! »

Cependant la lutte entre l'autorité et les libertaires devient de plus en plus ardente, on ne se contente plus de prendre des arrêts d'un côté et de discourir de l'autre, on en vient littéralement aux mains. Louis Malaquin est partout : dans les séances de comités, les réunions de groupes, les meetings, il est au prétoire et dans la rue, il se multiplie. Jamais on ne vit béquilles plus agiles. Ce valeureux infirme pouvait rivaliser de vitalité et d'entrain avec les plus actifs remueurs de foules, mais il les dépassait tous par la bonté, le dévouement, l'abnégation complète de sa personne.

Le 5 septembre, il m'écrit :

« Plus je dépense de forces, plus j'en retrouve, la machine humaine a vraiment des qualités. »

« Je viens de finir une année judiciaire des plus remplies et une année de luttes ouvrières et anticléricales assez chaudes. Malheureusement, nous devenons officiels. La police conquiert encore le drapeau rouge dans la rue, mais elle relâche, presque avec des excuses, les manifestants. Les grèves assez méthodiques se succèdent et l'ouvrier niçois est en marche pour la conquête de la thune quotidienne ! c'est leur premier rêve. Le point qui me touche c'est qu'ils emploient la méthode directe. Aucun politicien ne leur sert d'intermédiaire, et ils commencent à ignorer que les pouvoirs publics existent. Tous les ambitieux qui tournent autour sont stupéfaits. »

Mais les choses se gâtent. L'autorité ne peut supporter plus longtemps, ce petit homme qui par la force de sa logique la tient en échec. Elle n'entend pas cependant le frapper directement, ce qui soulèverait toute la population ouvrière de Nice contre elle. Elle veut l'atteindre sournoisement par derrière. Je reçois le 18 octobre 1903 la lettre suivante, que je copie textuellement :

ORDRE DES AVOCATS *Nice, le 18 octobre 1903.*
  DE NICE

   —   « MES CHERS AMIS,

« Soyez tranquilles quant à moi, — les séides du maire de Nice ont volé leur argent. — Après mes béquilles, mon chapeau de paille, il n'y a guère que ma

jambe gauche qui ait gardé les traces de leurs attou-
chements. J'ai été délivré à temps par... un commissaire de police ! J'ai tout de même gardé la position
horizontale quinze jours !

« Dame ! un essai aussi réussi de grève générale
dans la ville en apparence la plus arriérée, avait complètement affolé ces messieurs, préfet et maire. La -
garnison de Nice leur a paru insuffisante, ils ont fait
venir de la cavalerie de Marseille !

« A l'issue de ma conférence à la Bourse du Travail, ils ont tout simplement pris la maison d'assaut.
Le comité de la grève s'est échappé par les toits, moi,
plus malin, par la porte défoncée dans l'encadrement
de laquelle apparaissait un commissaire. C'est à ce
moment que j'ai été assailli et frappé à coups de
crosses de revolver et à coups de talons, — sans que
mes amis puissent même me voir.

« Délivré, j'ai gueulé et protesté jusqu'à ce qu'on
me rende mes béquilles ou ce qui en restait. J'ai été
gardé par une compagnie d'alpins, dont un voulait
bien me fusiller, mais attendait un ordre ! Les autres
étaient muets et assez embêtés. La police m'a ensuite
emmené au poste, où le chef de la sûreté n'a pas tardé
à venir m'assurer que je n'avais pas été arrêté. J'ai
quitté le poste en voiture et j'ai été me faire panser.

« Pendant huit jours, les rues ont été sillonnées de
policiers, chacun suivi d'une escouade de troupiers,
et tous les ouvriers sans travail étaient coffrés — environ quatre cents. Quant aux grévistes, ils étaient littéralement pourchassés ; ils ont tenu des réunions sur
la plage et une dans les bois de Mont-Boron.

« La grève générale n'a cessé qu'après satisfaction accordée aux premiers, les balayeurs, et la mise en liberté des gens arrêtés — parce que le tribunal a sauvé la mise en accordant à tout le monde le bénéfice de la loi Bérenger. »

Telle est la dernière longue lettre que j'ai reçue de Louis Malaquin. Depuis il ne m'envoya que des billets fort laconiques, me rassurant sur l'état de sa santé, que je savais beaucoup plus ébranlée qu'il ne l'avouait, par les lâches brutalités dont il avait été victime. Il eût dû se mettre au repos absolu, il n'y voulut pas consentir. Jusqu' la dernière minute, il continua à se dépenser, et après peu de jours d'inaction au lit, il mourait le 16 juin 1904 ; il avait trente-sept ans !

La force, une fois de plus, avait écrasé l'idée.

Louis Malaquin est mort victime de son inépuisable bonté, victime de son dévouement à la cause des humbles, victime de son amour pour la vérité et pour la vraie justice; il s'est sacrifié jusqu'à la mort pour ses idées, et le fait est assez remarquable à notre époque de politiciens farceurs, pour qu'il soit donné en exemple à l'admiration de tous.

Ceux qui l'ont connu conserveront toujours présente devant leurs yeux cette figure rose et blonde, lumineuse d'intelligence, où des yeux bleus étincelants, pénétrants, aux colorations changeantes, passaient de la douce couleur des bluets à l'éclat de l'acier ; cette physionomie étrangement mobile, souriante et ironique, avec son large front rayé d'un pli volontaire, ses maxillaires tenaces et ses lèvres pleines de malice et de mansuétude. Ils se rappelleront la précision de ses gestes brefs et rapides, la netteté de sa parole claire, simple, poursuivant l'idée logiquement, jusqu'à l'extrême, envers et contre tous les arguments captieux des autoritaires. Ils se rappelleront surtout la chaleur communicative avec laquelle cet homme simple et sans ambition, qui s'efforça toujours de mettre sa vie d'accord avec ses principes, défendait ses idées, — utopies d'aujourd'hui, vérités de demain, — et quelle fut sa foi en elles, quelle fut sa sincérité !

J'ajouterai un dernier mot. Les qualités de cœur de Louis Malaquin étaient à la hauteur de son intelligence. Il fut l'ami rare, fidèle quand même, dévoué toujours. En relisant ses lettres, je trouve à chaque ligne ses conseils désintéressés, ses encouragements affectueux, et j'admire la forme délicate qu'il savait donner à ses reproches, afin de ne pas contrister ceux qu'il aimait. Aussi, quoique séparé des siens, de ses premiers amis, était-il toujours présent parmi eux. Tous suivaient son évolution brillante et le voyaient avec joie atteindre bientôt à la situation prépondérante qu'il méritait à tant de titres. Et, comment ne pas aussi saluer respectueusement ici l'affection vive et tendre qu'il sut inspirer ; affection qui ne s'est pas démentie un instant, l'a soutenu dans les pires épreuves et l'assista jusqu'à son dernier soupir.

Que tous ceux qui l'ont aimé sèchent aujourd'hui leurs larmes et regardent avec fierté cette vie si courte et si noblement remplie. Qu'ils y puisent un grand enseignement de bonté, qu'ils la donnent en exemple aux jeunes prêts à entrer dans la lutte, et leur mon-

trent tout le peuple de Nice — amis comme ennemis — inclinés respectueusement devant le char funèbre qui conduisait à la gare de Paris les restes de Louis Malaquin.

JEAN JULLIEN.

MILITANTS NIÇOIS

Louis Malaquin

Bossu et porté par des béquilles.

A la bosse d'esprit et le cerveau flamboyant d'idées rénovatrices.

N'est pas Niçois, mais vient depuis longtemps à Nice, s'y est fixé, est inscrit au barreau, a suivi assidument le mouvement socialiste pendant ces dernières années.

A collaboré dans divers journaux de la capitale, notamment à *l'Aurore* et au *Journal du Peuple*, a collaboré aussi à *la Lutte Sociale*.

Par la culture intellectuelle qu'il a reçue, par sa persévérance et par le concours éclairé qu'il apporte, Louis Malaquin est un des éléments les plus précieux parmi nos militants niçois.

Exempt de toute ambition, sa tâche terminée il s'efface, disparaît.

A la lecture de son nom, il adressa dimanche dernier la lettre suivante qui achève de le dépeindre :

« Dimanche, 28 septembre. »

« MON CHER BOVET,

« J'ai lu avec surprise que vous annonciez mon portrait pour le prochain numéro de *la Lutte Sociale*. Je proteste, car ce fait est en contradiction avec mes opinions qui sont hostiles à toute inégalité ; j'ai toujours considéré l'amour-propre et la vanité comme des causes d'égarement et de faiblesse, d'insécurité et de mensonge. Au point de vue social, l'exaltation des individus est un mal profond qui sévit particulièrement en France et dont toute l'humanité devrait bien se guérir. Sans hésiter jamais à donner de ma personne et de mon nom, s'il y a danger ou utilité, je répugne beaucoup pour cela même à toute exhibition, si flatteuse soit-elle, qui fournit un démenti à ma manière de voir et d'agir.

« Je ne suis pas propriétaire des idées et des vérités que j'aime à répandre ; elles n'empruntent aucune valeur à être exprimées par *moi*, ce *moi* formé d'ailleurs par le milieu, l'atavisme, les influences sans cesse actives des faits, des lectures, des causeries de chaque jour. Soyons conscients de notre *moi* sans frontières et sans fixité, de notre participation à la vie collective, de notre rôle de cellule sociale fonctionnant dans un étroit communisme, autrement dit en solidarité avec les autres.

« Le public n'a donc pas à être informé sur les gens, mais sur ce qui est vrai, juste et bon. Ne contribuons pas à lui faire juger les idées par celui qui les exprime, et à ne voir de valeur que dans l'individu. Il y a dans cette mauvaise habitude une erreur si grave que je serais désolé de l'encourager pour ma petite part.

« Je suis n'importe qui, l'égal et l'équivalent de n'importe qui ; les idées que je professe sont celles de tous ceux qui aiment la vérité, et parmi elles se trouve l'égalité. Au nom de l'égalité, je crie : « A bas les personnalités, à bas la mienne pour commencer. »

« Bien à vous et à l'idée.

« L. MALAQUIN. »

Louis Malaquin parle dans cette lettre en théoricien. Le journaliste qui écrit ici parle en praticien et va persister dans son œuvre.

Il ne s'agit nullement d'exalter la personnalité de qui que ce soit. Il ne s'agit que d'aider à la formation de véritables personnalités altruistes.

Ainsi que nous l'avons expliqué, notre politique de combat avait pour effet de ne graver dans l'esprit des lecteurs que des noms de traîtres, de buses, de fumistes et ne donnait à nos lecteurs que les plus pernicieux exemples d'action. Nous avons tenu à réagir contre cet effet désastreux et nous persévérerons désormais à citer en regard des individus et des actes répréhensibles les individus et les actes louables.

La modestie de tous nos militants doit se sacrifier à l'idée.

Ils ont d'ailleurs des défauts communs que nous

énumérerons prochainement, certain d'être utile à l'idée.

Lucien NOGENT.

(*Lutte Sociale*, 5 octobre 1902.)

L'AN-ARCHIE

> Que chacun satisfasse son Moi, et
> l'humanité sera une belle forêt, belle de ce
> que tous les arbres, plantes et animaux s'y
> développeront librement. Les monstres sont
> rares, et puis dans toutes les hypothèses
> sociales et quand même la gendarmerie
> verrait supprimer son budget, les circon-
> stances et la générosité naturelle aux
> hommes feraient surgir des défenseurs pour
> les instincts opprimés.
>
> MAURICE BARRÈS.

Les hommes vivent en société, non par force, pour
leur mutuel avantage. Ils sont par sympathie de nature
portés à s'aider l'un et l'autre avec la stipulation
tacite et réciproque, conséquence de l'idée de justice
que les hommes conçoivent comme inséparable de
cette vérité évidente, leur égalité devant la vie. L'entente préalable, puis le contrat, quoique inexprimés,
ont donc servi de bases à la construction naturelle
de la société, de toutes les sociétés humaines. Puisque les sociétés se sont fondées naturellement, *a
fortiori*, c'est naturellement qu'elles devraient se maintenir ; il suffirait que l'entente fût permanente, et
le contrat libre, c'est-à-dire non exclus de l'évolu-

tion générale des êtres et des choses, dont ils sont l'accommodement. L'ordre serait l'harmonie universelle des intérêts individuels, la santé de la société, corps vivant.

Comment se fait-il que la société où nous vivons ne se maintienne que par la force, et que l'ordre y soit la contrainte au silence et à l'obéissance ?

C'est ce que je me demande ici.

L'homme qui, jusqu'à cette phase de l'évolution marquée par la formation des sociétés, était guidé par l'instinct spontané et infaillible, recherchait ce qui était favorable à son développement en obéissant à la loi des affinités et de l'attraction du meilleur. Peu à peu, il prit vaguement conscience des choses et de lui-même ; la succession des images qui frappait son esprit lui forma une mémoire, le besoin de choisir, comparer, analyser, généraliser, fit fonctionner une raison : aux actions réflexes succédèrent partiellement les actes réfléchis.

L'intelligence de l'homme, incapable encore de comprendre l'intelligence de la nature, s'éleva contre elle, la raison contre l'instinct.

Si l'instinct conduit à la vérité par l'intuition, la raison n'y parvient que très difficilement et très lentement par la science ; mais elle y arrive.

L'origine des sociétés coïncide évidemment avec la naissance de la science, car il fallut à l'homme l'exercice de facultés déjà supérieures pour vivre avec ses semblables ; il dut se faire comprendre d'eux et l'invention du langage suppose déjà une certaine science. Cette genèse de la société, combien dura-t-elle de siècles, l'esprit n'ose approximer; on n'en peut même pas juger par l'étude des trente derniers siècles révolus.

Mais cette étude peut nous faire connaître pourquoi tant de peuples ont souffert et sont morts, C'est sûrement parce qu'ils se sont trompés. Seule l'erreur fait mal et tue.

En effet les événements de l'histoire portent la trace des raisonnements de l'homme.

Cependant c'est de la raison que l'homme doit attendre son bien, elle seule peut réparer les maux nés des erreurs commises. Une erreur détruite est un progrès fait.

L'homme social primitif apparaît désirant son bien, par instinct, et le comprenant réalisable, par raison.

Son premier bien, comme celui de tous les êtres vivants, c'est la liberté, mais, vers ces temps, l'homme s'étonnait et prenait peur de tout ; sa raison troublée par le sentiment de la crainte, l'amena à la servitude. Il craignait pour sa liberté, sa vie, ses biens ; il cherchait une protection ; et, à celui qui peut le protéger, c'est-à-dire au plus fort, il livre sa liberté, sa vie, ses biens et le craint.

Cela s'explique ; ayant conscience de sa puissance imparfaite, l'homme conçut l'idée, l'idée-désir d'une puissance parfaite. En proie aux apparences, il l'objectiva dans un être imaginaire, dispensateur du bien et du mal, il inventa celui qui peut tout, et, tremblant à sa pensée, il créa Dieu.

Quiconque parut plus fort parut divin et fut obéi.

La première *autorité* fut religieuse. L'homme cessa d'obéir par l'instinct de la nature pour obéir par crainte à l'être suprême qui n'était que l'objectivation de son être dans l'infini : inconsciemment, les plus craints sentirent qu'ils tenaient leur pouvoir de Dieu ; et c'était vrai.

A l'heure actuelle les trois quarts de l'humanité obéissent encore à l'homme qui est à la fois chef et prêtre. Ils en sont à l'erreur primitive, complète et logique, ils obéissent à Dieu parce qu'ils le craignent, et l'aiment pour le mal et le bien qu'il peut leur faire.

Les autres peuples, revenant par degré vers la vérité, ont plus ou moins tenté de reconquérir leur liberté. Malheureusement, l'aberration objective persista, et l'histoire nous raconte bien la lutte des partis pour la conquête du pouvoir, les trônes renversés, les tyrans bannis ou tués, mais il n'est jamais question de se passer de maître.

Les plus avancés demandent seulement le droit de le choisir, enfants qui se déclarent mineurs et se nomment un tuteur.

C'est pourquoi nous voyons les partis, qui tous promettent de faire le bonheur du peuple, arriver successivement au pouvoir, et le peuple attendre encore son bonheur. L'histoire ne nous présente que des changements de régimes. *Il y a différentes sortes de gouvernements, comme il y a différentes sortes de religions*, MAIS TOUS SE RESSEMBLENT.

De la force qui fait évoluer l'univers, les hommes ont fait Dieu, en le localisant ; de la force qui fait évoluer la société, ils ont fait un sous-Dieu, c'est le Pouvoir. Ils n'ont pas compris que la société a en elle la force motrice immanente et perpétuelle, et qu'il est ridicule de supposer qu'elle reçoit le mouvement de ceux qui la gouvernent.

Nos faiseurs de constitutions ne sont pas seulement tombés dans ce ridicule, mais en ce pire encore : ils ont supposé la société une chose sans vie, ils l'ont murée dans des lois constitutionnelles, civiles et pénales, et quand elle se débat ils appellent la force pour la réduire.

Les hommes de génie qui voulaient décréter le droit de révision au bas de toute constitution ont été vaincus par les fous qui croient que cette chose imaginaire, le *présent existe*. Or, comme le dit Guyau : « Il y a sans doute un point de jonction entre le présent et l'avenir, mais ce point de jonction est difficilement saisissable pour l'intelligence pure : ce n'est pas un point inerte, mais un point en mouvement, en direction. »

Une société sans cesse pareille à elle-même, immobile dans sa cage, n'existerait pas dans le temps et serait incompréhensible. Et, puisqu'il nous est donné de la voir se métamorphoser sans cesse et évoluer comme l'univers entier dont elle fait partie, la science n'a qu'à enregistrer les lois naturelles suivant lesquelles elle vit. Nos hommes d'Etat veulent lui imposer de vivre selon des lois arbitraires et fixes.

D'ailleurs, dans la politique, rien ne peut supporter

l'analyse, car rien n'est rationnel. Les partis sont des médecins empiriques qui se disputent. Leur existence prouve seulement que la société souffre.

Evidemment elle souffre du Pouvoir ; le Pouvoir c'est la force ,la force ne peut rien sur la vie, que la gêner ; sans le Pouvoir le peuple vivrait davantage ; or, toute diminution de vie est un mal.

C'est pourquoi les partis d'opposition attaquent le Pouvoir. (Remarquons que les Parlements n'eurent jamais d'autre but que d'amoindrir la force du Pouvoir.) Le parti d'opposition triomphe, le Pouvoir est détruit, le mal est guéri, mais aussitôt un nouveau Pouvoir est établi, et la pauvre société a une rechute.

Pour la consoler, on lui dit par exemple : « Avant la Révolution tout pouvoir émanait de Dieu, aujourd'hui tout le pouvoir émane du Peuple ! » — « Qu'importe ! » pourrait répondre le Peuple, car l'expérience à défaut de sa raison trop lente lui a appris que le Pouvoir est nuisible, quel qu'il soit.

Récemment, un philosophe socialiste avouait : *« Oui le pouvoir est un mal, mais un mal nécessaire. »*

Autrement dit : CE QUI EST NUISIBLE EST UTILE.

Mais il n'est pas difficile de démontrer que le pouvoir est inutile. Il suffit de regarder le peuple vivre.

Il n'est pas juste de définir un peuple, l'ensemble des individus soumis au même pouvoir, car c'est s'en faire une image renversée.

Il y a une différence entre un peuple et une armée ou troupeau. L'humanité d'instinct a toujours repoussé cette assimilation que sa raison faible tolérait : les révolutions le prouvent.

N'est-il pas plus sensé de dire qu'un peuple est l'ensemble des individus qui se sont constitués en société pour leur mutuel avantage ?

N'est-ce pas manière quotidienne de vivre ? Dans notre siècle, où le Pouvoir a été si souvent affaibli, les associations de tous genres ont pullulé, mille sortes d'unions entre individus se sont formées et dissoutes, suivant les nécessités et les besoins ; aujourd'hui, partout fonctionne, par l'initiative privée, des sociétés analogues à la *Société* et fondées en vue de grandes entreprises, des ligues de défense, des alliances de propagande, des syndicats, des corporations, des confréries, enfin, toute une organisation sociale, spontanée et libre qui n'a de rapport avec le Pouvoir que parce que celui-ci la tyrannise et la contamine par son exemple.

N'est-ce pas la preuve que les hommes, obéissants de plus en plus à la raison, commencent à protester contre l'utilité de l'Etat-Pouvoir et condamne la vieille organisation fixe et autoritaire.

N'est-il pas caractéristique de voir le contribuable trouver toujours trop lourd l'impôt imposé et verser sans regret la cotisation consentie ?

Les hommes ont égal besoin de solidarité et de liberté : ils n'entendent se solidariser que librement. Cela revient à dire que toute société qui se maintient par la force tend à se dissoudre, car la solidarité volontaire fait seule la cohésion harmonique. L'entente permanente, le contrat synallagmatique, exprimés à l'origine, formels aujourd'hui, sont donc bien les bases naturelles de la société.

L'individu ne doit pas être diminué parce qu'il est en société, et la preuve qu'il n'aliène aucune parcelle de sa liberté. serait qu'il n'y reste que volontairement. Otez-lui la faculté d'en sortir, il est opprimé.

Dans la société politique et artificielle qui actuellement enserre et étouffe la société naturelle, l'individu est esclave sans avoir jamais consenti à le devenir, et n'a d'autre issue pour en sortir que la révolte.

*
* *

L'individu contemporain, façonné, comprimé, déformé de bonne-heure par l'éducation qui lui a été donnée, ne regrette que vaguement la privation d'une liberté qu'il n'a jamais connue, ou bien les blessures qu'il a reçues ont perdu de leur douleur et se sont cicatrisées, il lui faut raisonner pour découvrir ses maux et ses mutilations ; ainsi s'explique l'apparente résignation de la masse. Mais les instincts sociaux et l'amour inné de la liberté vivent toujours d'une vie plus ou moins latente.

L'erreur grande est de croire à leur antagonisme, car la liberté rend possible la manifestation des instincts sociaux.

L'homme libre ne vit pas au hasard, en indifférent ; il suit ses penchants, il aime, il recherche son bien, s'assemble avec ceux qui lui ressemblent, participe à leurs idées, à leurs travaux, influe et est influencé. Ses affinités, ses sympathies se révèlent ; il vivra avec ceux qui ont les mêmes penchants, le même idéal. Il agira avec ardeur et plaisir et se dévouera à l'œuvre[1] qui sera 'sienne non par contrainte, mais par expansion de son activité harmoniquement développée vers ses buts naturels.

*
* *

Tous ceux qui travaillent à la même pensée ou ont le même métier, tendent à s'aimer : « Une même occupation poursuivie avec le même amour, finit par donner à la longue le même cœur. » (Guyau). Ceux qui savent moins tendent à s'instruire auprès de ceux qui savent plus ; le savant éprouve une jouissance à répandre et à vulgariser sa science ; et c'est pourquoi les disciples et le maître s'aiment.

Or, l'amour sous toutes ses formes est fécond, mais il ne supporte pas la contrainte, il vit de liberté.

Que nos psychologues modernes veuillent bien étudier non pas l'homme du monde, mais l'homme tout court : hors des mièvreries sentimentales de l'attrait sexuel et des émotions conventionnelles, hors des désœuvrements élégants, ils ne trouveront pas d'énigme, mais le besoin d'agir par amour et les multiples variétés des satisfactions.

Vains tout autant, sont nos moralistes, gais ou tristes, résignés ou indignés, lorsqu'ils font l'éloge de ces trois errements : la pruderie, le respect et l'obéissance ; ou tonnent contre les vices privés qui ne peuvent nuire, étant résultats, non causes.

Pour conserver l'intégrité de son moi, l'individu est dans la nécessité de ne rien admettre *a priori ;* or, l'instruction morale et civique consiste à bourrer les esprits de notions *a priori* ; ceux qui n'ont pas résisté à l'ingurgitation ou n'ont pas pu réussir à vomir ne sont pas responsables : ceux-là sont la majorité.

Heureusement, la civilisation n'a pas vaincu complètement la nature ; elle l'a seulement défigurée.

L'homme est naturellement vertueux par instinct de conservation personnelle et sociale, ce qui n'empêche pas d'enseigner qu'il y a le vice inné, et que la vertu lui coûte de grands efforts.

Sans doute, ce sont ceux qui enseignent que l'homme est maudit, premier mensonge, qui ont inventé ce second : le bien et le mal.

Par bonheur, le mot ne fait rien à la chose : être honnête est si commode, si agréable, que par paresse souvent, la plupart des hommes y ont succombé ; les autres sont victimes des événements et des circonstances.

A la vérité, il en est qui s'imaginent que pas faire le mal est une privation : ce sont ceux qui évitent de mal faire, non parce que c'est mauvais et répugnant (ils croient le contraire), mais pour éviter le gendarme ici-bas ou le diable là-haut ; ils ont, faisant le bien, la tristesse du regret, le regret des jouissances et des plaisirs du mal.

Aussi, quand ils ne croient plus au diable, et comptent échapper au gendarme, ils se plongent dans le vice, comme dit M. Prudhomme, au hasard, mais sincèrement à la recherche du bonheur (recherche parfaitement légitime et louable). Plus ils le cherchent, moins ils le trouvent ; quelquefois ils n'arrivent pas à se persuader qu'on les a trompés.

Une naturelle curiosité attire vers le fruit défendu ; mais pourquoi l'a-t-on défendu ? Est-ce pour lui donner cet attrait ?

N'est-il pas évident qu'il n'y a d'autre criterium du bien et du mal que celui-ci : ceci est mauvais pour moi ? Laissez l'individu libre, l'expérience ou la science, à défaut de son instinct, l'instruiront.

En lui faisant défense, vous usurpez la fonction de sa raison ; il ne distingue plus le bien du mal, mais ce qu'il ne craint pas.

C'est en leur inculquant la peur de la prison et de l'enfer, que l'on gouverne les hommes depuis... depuis qu'il y a des prêtres et des magistrats.

L'autorité obscurcit donc chez l'individu la notion du bien et du mal ; c'est pourquoi la civilisation actuelle ne peut produire que des êtres immoraux. Un de ses apologistes a dit d'elle qu'elle est la lutte de l'homme contre la nature ; c'est avouer que cette civilisation est antinaturelle, c'est-à-dire non viable.

Aussi, quand vous voyez la civilisation, dans sa forme autoritaire qui est l'Etat, produire la société actuelle, où les foyers de corruption pullulent, n'en concluez pas que l'humanité est pourrie, mais seulement son vêtement, sa camisole de force. Quand les hommes se développeront en pleine liberté, ayant toujours, et leur part de pain et leur part de science, nul ne sera corrupteur, nul ne sera corrompu, il n'en aura point besoin. Tels ils doivent éclore dans une société qui n'aura point failli à son but d'assistance mutuelle.

Que demandent les peuples en révolte, quel est le cri de toutes les révolutions ? — Liberté, liberté ! Ainsi Oswald mourant appelle le soleil ! Sous une forme différente, tous deux réclament la même chose, le retour à l'état de nature où ils pourront vivre vraiment, et reconnaître la joie de vivre.

Mais ce serait le déchaînement de tous les appétits? Oui.

Ce serait la vie triomphante dans l'harmonie de son organisme délivré, la marche sans entraves désormais de la civilisation naturelle, la raison glorifiant les lois de l'instinct.

(Revue Blanche, la Révolte, 1891.)

NOTES SUR OBÉIR

Obéir, c'est faire des actes pensés par autrui. Apprendre à obéir, c'est apprendre à ne point penser.

Les facultés supérieures de celui qui obéit restent sans emploi, et deviennent inutiles. La sensibilité fonctionne inutilement, et inutilement encore sa mémoire s'enrichit, puisque ses matériaux ne doivent plus servir à l'élaboration de la pensée mère de l'acte.

A ce régime, la personnalité se meurt, l'individu devient une sorte d'automate qui ne peut plus ne pas obéir.

Il y a dans l'Europe obéissante, quelques milliers d'hommes qui désapprouvent le système autoritaire des sociétés modernes. A leur avis, l'obligation corrompt : 1° l'acte lui-même ; 2° qui l'impose ; 3° qui le fait.

Ils prétendent que dire à l'enfant : « Il faut faire ceci parce qu'il le faut ; si tu le fais tu seras récompensé, si tu ne le fais pas, tu seras puni, » ne développe que des sentiments de crainte, de cupidité, d'orgueil, transforme l'acte en un moyen factice et le maître en une force quelconque capable de bien et de mal.

Le dresseur dit à son chien : « Si tu sautes, tu auras du sucre ; sinon du bâton, » parce qu'il veut faire de son chien un animal obéissant.

Obligatoirement, l'adolescent reçoit une instruction chaotique mais officielle, qui leste sa mémoire d'un lourd bagage de mots et de faits. Dix ans durant s'encombrent et s'obstruent ses facultés de sentir, de penser, de vouloir.

Un tel enchaînement dépasserait les limites de l'absurde, si cet adolescent n'était pas destiné à faire un bon soldat.

Obligatoirement, toujours, il entre dans l'armée, où il subit une nouvelle préparation...

. . . .

Après la fortifiante éducation militaire, il n'est plus, il obéit.

Il obéit à tout, à la fortune, aux événements, à sa femme, au sergent de ville, aux convenances, aux lois et à son journal.

Son activité lui est extérieure. Absorbé par le milieu, il subit ce qu'on appelle des influences, il reçoit le mouvement de la masse ; ce n'est plus un homme, c'est un citoyen.

Pourquoi vivre, travailler, s'enrichir, se marier, voter ?

Il n'en sait rien, il n'y est pour rien. En remplacement de la sensibilité que n'engrène plus sa pensée morte, un seul principe : « Je fais comme les autres, on ne peut pas être autrement que tout le monde. » Voilà le balancier qui le tient en équilibre dans le vide de son existence.

Ça et là, dans son cerveau, comme dans un musée, pendent les respects inculqués, les devoirs prêchés, les ambitions de vanité ou de lucre, les faux sentiments enluminés, les mensonges solennels et brillants, les enthousiasmes à musique, les tartuferies libertaires, les grelots patriotes, l'autel à guirlandes des vertus lâches, les sensibilités humanitaires, le mirage des prestiges, tous les préjugés et les insincérités.

Il ne comprendra jamais qu'il y a des êtres sensibles, différents de lui, des êtres à qui leurs sensations représentent l'univers à leur personnelle mesure, dont les sensations s'harmonisent en sentiments, idées et pensées, et circulent dans tout leur être moral, comme le sang dans le corps qui n'est lui-même que le percepteur de ces sensations.

Que celles-ci élaborées, deviennent désirs, volitions et actes et qu'ainsi ces êtres ont une personnalité et une vie distinctes, et ce sont des hommes.

Ces hommes normaux ont, par hypothèse, vécu et se sont développés en liberté ; n'agissant point d'après des sentiments qu'ils n'ont pas sentis, des pensées qu'ils n'ont pas pensées, ils ne peuvent obéir.

De tels hommes sont redoutés et pourchassés dans

notre société étatiste. Cette société ne fait que se défendre, car elle est fondée sur la lâcheté des individus et ne peut se maintenir que si celle-ci subsiste.

En Sorbonne, l'Etat paie et est le maître, on n'enseigne que ce qu'il permet ; il a ordonné qu'on fît l'éloge de l'obéissance et de ses bienfaits, et nos jeunes amis ont dû apprendre et faire valoir aux examens l'argument ingénieux qui suit, en faveur de la servitude.

Le professeur s'écrie d'abord (1) : « que la personnalité est ce qu'il y a de plus haut et de plus sacré en ce monde... » que « la personne est essentiellement inviolable... » c'est un être respectable et sacré par lui-même... » (page 98) ; puis il continue (page 99) :

« La personnalité *doit* en effet être modeste, humble, au besoin elle *doit* être sacrifiée, mais, ne l'oublions pas, elle ne peut jamais l'être que par elle-même ; sinon il n'y aurait aucun mérite au sacrifice, et c'est le spectacle du monde le plus choquant (!) S'agit-il de l'enfant ? il faut faire en sorte que sa volonté soit forte ; *puis il faut lui apprendre* en même temps, que le plus bel usage qu'il puisse faire de sa force, c'est de l'abaisser, de l'humilier devant le droit des autres personnes. »

Sur le point de l'obéissance, la difficulté se résout de même (page 103) :

(1) Extrait du cours imprimé de M. Marion, professeur de philosophie, chargé d'un cours complémentaire sur la science de l'éducation près la Faculté des Lettres de Paris.

(COLIN, éditeur.)

« *Il faut certes* amener l'enfant à obéir.

« Si vous êtes pour lui comme une providence aimable, il s'apercevra bien vite que ce qu'il a de mieux à faire, c'est d'*obéir* à vos conseils, il se fera aisément une loi de vous obéir toujours et partout, et sa dignité néanmoins sera sauve, son *vouloir* ne sera entamé en rien, mais assoupli, *discipliné*. Ces considérations pédagogiques s'appliquent d'ailleurs exactement et littéralement *aux plus grandes questions de la morale sociale*, et là est *la clé des plus grands problèmes, moraux et politiques.* »

Il n'y a absolument rien à réfuter à ce distingué développement. Le *vouloir souple et discipliné* est vraiment une trouvaille.

De plus subtils ont inventé ce sophisme : Celui qui obéit n'abdique pas sa personnalité ; il reconnaît de toute la plénitude de son intelligence que celui qui lui commande lui étant supérieur sait mieux que lui, ce que lui-même doit faire ; son acte d'obéissance est un acte de confiance réfléchie, il comprend qu'il est de son intérêt et de l'intérêt général que quelqu'un commande ; ainsi, en obéissant, il ne se diminue pas, parce qu'il sait les raisons de l'ordre donné et l'utilité de l'exécuter.

Mais ce raisonnement spécieux suppose chez l'obéissant une intelligence de premier ordre, qui fait présumer qu'il n'a pas toujours obéi ; pour apprécier la supériorité d'autrui autrement qu'un chien n'apprécie celle de son maître, il faut être supérieur soi-même ; en outre, par cela même que l'obéissant juge de l'opportunité de l'acte commandé, qu'il en adopte les raisons, il exerce sa volonté, identiquement comme son maître ; il semble qu'il obéit ; en fait, il n'en est rien.

Supposons qu'il s'aperçoive que celui qui commande est un être inférieur, que son ordre est mauvais, ou simplement contraire à son intérêt, qu'il n'y a aucune utilité à l'exécuter, que sa volonté, à lui, est opposée à celle de son chef. Obéira-t-il ?

Evidemment non, puisqu'il n'est pas une brute, par hypothèse.

Conclusion : Il n'y a pas lieu de distinguer entre différentes sortes d'autorités ; bonne ou mauvaise, brutale ou morale ; elles sont toutes nuisibles à l'intégrité de la personnalité.

On insinue, mais on ne peut pas dire que ceux qui ne veulent pas obéir aspirent à commander. C'est faux et contradictoire : l'homme qui a conscience de sa dignité, dont l'énergie morale est intacte et la pensée vive, est aussi incapable de commander que d'obéir.

Celui qui a l'amour de la liberté ne peut aimer en même temps l'autorité.

C'est l'évidence ; ainsi du moins jugera quiconque a l'habitude de s'estimer dans ses actes.

J'aime à croire que ce que je viens de résumer est, pour beaucoup, depuis longtemps démontré et admis.

Pourquoi donc laisse-t-on si paisiblement les systèmes autoritaires exercer leurs ravages et avilir la race ?

Que ceux qui ont résisté, que les désobéissants se souviennent de leurs souffrances, des efforts qu'il leur a fallu pour se ressaisir eux-mêmes, pour éliminer les alliages dont ils furent amalgamés.

Ne sentent-ils plus le poids des choses mortes dont on les a chargés, tout ce qu'ils ont eu en éléments étrangers qu'ils ne *connaissent* pas, mais qui se sont fixés à eux ?

Or, ils ne libèreront les gestes de leur moi, de ces impedimenta, que par une activité de plus en plus ample, ils ne se fortifieront qu'en se développant ; c'est au feu de vivre que se purifie l'être.

Les forces multiformes de cette société avilissante agissent sans cesse sur l'individu, et nécessitent de sa part un constant effort de résistance.

Sitôt qu'il s'arrête, il subit une sorte d'enlisement dont un jour, il ne peut plus se tirer.

Résister, n'est qu'un premier degré d'action, le second est l'offensive, c'est vivre.

Ce n'est pas assez d'avoir sauvé son moi des barbares, il est dans la nature de ce moi d'agir, pourquoi le retenir ?

Vivre, agir, qu'entendent par ces mots les jeunes qui se sont recouvrés ? Obéir, c'est encore un peu vivre et agir ; ne plus obéir nous-mêmes à l'inaction ? Non ; et personne ne peut le croire, mais peut-être tous ne voient-ils pas clairement le sens du mot action.

C'est, pour les uns, vivre conformément à leur idéal, réaliser leur virtualité. C'est pour d'autres

« jouer le personnage pour lequel, de toute éternité, ils furent façonnés ».

Il semble qu'on peut encore préciser davantage : Vivre, serait dépenser la force qu'on a en soi, non au hasard, mais pour exprimer ses amours, ses haines ; chacun vivrait d'autant plus qu'il aurait plus d'énergie en sentiment, en intelligence, en volonté. Agir serait satisfaire ses passions.

L'univers ne laisse indifférent, que celui dont la sensibilité est anémiée. Celui-là est un dégénéré, tout lui est indifférent, il l'est lui-même.

Parmi l'action de toutes choses sur nous, de deux choses l'une : ou cette action nous est favorable, ou elle nous est contraire ; nous concluons positivement dans le premier cas, négativement dans le second ; évidemment, nous aimons ce qui nous est favorable, nous détestons ce qui nous est contraire ; de là à rechercher ce que nous détestons, il n'y a qu'une différence de moment ; tel est le schème de l'action normale, que, si nous sommes asservis par l'obéissance, nous ne pouvons pas ne pas faire.

(Faible objection : pourquoi aimons-nous ce qui nous est contraire ? Simplement par esprit de conservation, par effet de la tendance qu'ont tous les êtres à persévérer dans leur être et à se développer. Mais cela est trop connu...)

Puisqu'il est évident que nous ne pouvons pas être étrangers à ce qui se passe autour de nous, n'opposons pas à notre milieu une force d'inertie triste et stérile et vaine d'ailleurs, réagissons.

Si nous nous enthousiasmons d'amour pour une idée qui nous semble belle, allons la glorifiant. Si tel spectacle d'injustice nous blesse et nous révolte, cédons à nos désirs de destruction.

Puisque l'univers entier, à un degré quelconque, agit sur l'individu, la réaction de l'individu sur l'univers ne peut avoir d'autre limite que celle de sa force.

Les mots *égoïste, altruiste*, sont fort difficiles à entendre. Le moi ne peut agir que sur le non-moi, mais il n'agit que pour soi, puisqu'il est mû par le désir de son bien, de ce qui est favorable à son existence ; le moi ne saurait se sacrifier au non-moi, car il n'a pas en lui ce penchant ; les apparences du contraire sont mensongères.

Se dévouer, se sacrifier, ne signifient pas « agir contre soi pour le profit d'autrui », mais se développer exactement vers le bien ; et les hommes se ressemblent assez pour que ce qui est bon pour l'un le soit pour tous.

Aimer le bien, est-ce être égoïste ou altruiste ? La question n'a pas de sens.

Il n'y a pas de différence spécifique entre les hommes : leur corps, leur cœur et leur cerveau se ressemblent. L'action par excellence de l'homme sur son milieu étant de se l'adapter le plus favorablement possible, sera secondée même inconsciemment par tous ses semblables, ayant les mêmes aspirations.

On sait, par exemple, combien l'amour de la liberté est contagieux. Souffrir, lutter pour elle, est commun à la majorité des hommes peut-être, mais qu'il en vienne un dont l'amour soit passion, il enflammera tout un peuple de son ardeur. — Ainsi un artiste de génie, parce qu'il a la passion du beau, provoque à la vie d'art l'élite humaine de plusieurs siècles. — Ainsi encore se font les renaissances scientifiques.

Les peuples vivent par les individus-héros.

Or, la servitude et l'obéissance, loin de susciter les héros, compromettent le développement moyen de l'homme.

Qu'on regarde dans l'histoire comme la vie se retire des peuples asservis, et quel degré d'intensité elle atteint chez les peuples libres.

Si l'on prend la France comme exemple, que voit-on ? l'autorité partout, surveillant tout, ne quittant pas l'individu de sa naissance à sa mort.

La liberté n'y est plus qu'un mot dont on a perdu le sens, elle est devenue un synonyme d'obéissance : les Français se disent libres, mais ils obéissent à une multitude de choses et d'hommes ; ils ne font que ce qu'on leur permet et ce qu'on leur ordonne.

Chacun commande et obéit ; c'est l'asservissement à engrenage. Commander et obéir, résume la vie sociale actuelle, comme le *corrumpere et corrumpi*.

A ce régime, un peuple s'affaisse, ne vit plus que d'une vie végétative.

— Les jeunes générations qui viennent et à venir, apporteront-elles dans leur cœur un grand amour ? Aimeront-elles avec passion la liberté ? Le siècle qui vient sera-t-il héroïque, verra-t-il fleurir le héros-messie qu'attend l'humanité ? Peut-être. N'y a-t-il pas à l'horizon, des signes précurseurs ?

(*Revue Blanche*. Paru dans *la Révolte* du 25 au 31 juin 1892.)

NOTRE AVENIR

Ceux qui croient que les révoltés forment un parti se trompent étrangement, mais leur esprit est tellement faussé par le vocabulaire politique qu'ils ne peuvent concevoir l'homme que comme l'instrument de quelque chose et non comme un être doué d'une vie propre et capable d'une action qui soit le développement de sa force.

Nous n'avons donc pas à répondre à des objections telles : « Vous poursuivez une utopie, vous rêvez un rêve irréalisable, » puisque nous ne poursuivons rien, puisque nous ne rêvons rien si ce n'est notre vie, être ce que nous pouvons être, ce que nous ne pouvons pas ne pas être.

L'anarchie est-elle une forme de société qui existera jamais ? — que leur importe encore ? les anarchistes n'attendent pas l'anarchie pour vivre ; eux agissent dès aujourd'hui comme ils agiraient toujours, partout : défendre l'intégrité de leur moi, haïr l'hypocrisie leur est naturel, parce qu'ils aiment la liberté et la vérité. Et ainsi agiront-ils toujours même en pleine société anarchiste, car s'ils changeaient, si leur énergie diminuait, la liberté et la vérité disparaîtraient et leur société ne serait plus anarchiste que de nom ; à l'exemple de l'Etat actuel faussement étiqueté République.

Nous n'avons donc rien à espérer, ni à désespérer : tels nous sommes dans le présent, tels nous serons dans l'avenir — notre moi ne sera modifié ni par la défaite, ni par le triomphe, et lui seul nous importe.

J'entends de légitimes protestations : — la vérité et la liberté ne nous manquent pas seulement, mais, en outre, le pain.

Eh bien, la question du pain restera dans l'avenir telle qu'elle est maintenant.

Du pain ? il y en a plus qu'il ne nous en faut. C'est comme la liberté, beaucoup attendent qu'on leur en donne !

L'anarchie sera quand ils le prendront, leur pain, et elle ne sera que tant qu'ils le prendront.

Dès que nous savons que notre moi vit de liberté et de pain, rien ne doit nous coûter pour éviter la servitude et la faim, si nous voulons vivre — et quant à notre individu l'*anarchie est*.

A supposer une société en anarchie, la vie ne sera pas plus facile, mais plus intense ; alors il faudra nous déployer en énergie et activité à un point dont nous n'avons pas idée dans notre époque végétante, anémique et sans passions.

Ne nous plaignons pas d'avoir trop à lutter ; la vie sans lutte, mais nous l'avons si nous voulons : vendons notre liberté pour un morceau de pain ! C'est une ressource que nous n'aurons plus en anarchie. Quant à ceux qui veulent du pain et de la liberté qu'ils soient bien persuadés qu'il ne tient qu'à eux d'être selon leur idéal. — Agir, c'est réaliser une idée dans un acte.

Il n'est pas question de ceux qui sont déjà atrophiés et ankylosés, mais des autres.

Qu'ils débarrassent leur moi des entraves religieuses et sociales, afin que, délivré des mensonges, il croisse en force et en puissance.

Coupons le lien de nos scrupules : le bien, le mal n'existent pas, mais seulement notre bien et notre mal.

C'est folie de compter sur l'avenir et d'attendre à demain pour vivre ; c'est retomber dans le piège chrétien de l'espoir du paradis.

Les révoltés ne peuvent pas être les résignés.

Ne soyons pas que les forgerons du bonheur futur, car il nous sera dit : « *Sic vos non vobis* », et d'ailleurs nous pouvons errer ; ne soyons d'aucun parti, ne servons qu'une chose et franchement avouons que peu nous chaut le bonheur de l'humanité et de l'univers. Quand je parle du bonheur de l'humanité, c'est de mon bonheur qu'il s'agit ; quand je parle de liberté, c'est moi qui veux être libre, et puisqu'en vérité c'est moi qui veux vivre, je me trompe quand je rêve d'une époque où je ne serai plus. C'est aujourd'hui qu'il me faut être anarchiste, soyons-le donc le plus que nous pouvons ; si nous n'en avons pas la force, nous n'avons pas le droit de nous plaindre ; mettons-nous à genoux et rêvons du Paradis.

(*L'Endehors*, 26 juin 1892.)

ANARCHISTES

John-Henry-Mackay : *Anarchistes !*, roman traduit de l'anglais par Louis de Hessem. — Paris, 1892, Tresse et Stock, éditeurs.

Dans la préface de son livre, M. Mackay nous prévient qu'il se propose de démontrer l'incompatibilité absolue de l'Anarchisme et du Communisme, l'inefficacité et les inconvénients de la violence.

Débarrassez-vous de tous les préjugés autoritaires ; cherchez à vous rendre compte de ce qui est bon ou mauvais à votre individualité ; faites une sélection, — et vous aurez en mains tous les éléments nécessaires à satisfaire votre « moi » : alors vous serez anarchistes, — du moins telle est l'opinion de M. Mackay. Cette théorie individualiste, qui repose sur des vérités qui sont aussi le fondement du barrèsisme, amène fatalement M. Mackay à cette conclusion :

« Soyez donc des égoïstes, car l'égoïsme est la seule arme avec laquelle vous puissiez lutter contre vos exploiteurs. Servez-vous-en avec calme, avec patience, avec énergie : et vous êtes certains de vaincre. »

Le livre en entier se trouve dans cette exclamation. Certes, je suis de l'avis de l'auteur lorsqu'il affirme qu'il est nécessaire de bien se rendre compte de ce qui est bon à notre « moi ». Mais, par la raison même que je suppute ce qu'il y a de mauvais dans l'état de choses actuel et combien lui serait préférable une société telle que mon raisonnement me la fait voir, il me semble impossible de ne pas me révolter. Et à quoi bon faire une distinction entre ce qui est et ce qui pourrait être, si je suis impuissant à hâter la venue de l'idéal que je rêve ? à quoi bon faire de la théorie si jamais mes idées ne doivent être mises en pratique ? C'est un non-sens que de considérer l'acte comme une faiblesse, et du reste, en cette occasion, M. Mackay lui-même, ayant une idée, fit son livre, qui est un acte.

L'auteur met en présence deux types distingués, un individualiste et un communiste. Le premier, principal personnage du livre, reflet exact de la pensée de M. Mackay, fait dire aux communistes des sottises, ce qui prouve qu'il a imparfaitement étudié ou compris ces théories qui cependant sont assez claires. Jamais il n'a été question dans un exposé de la société communiste-anarchiste de demander aux individus d'abdiquer leur personnalité : la société pour l'avènement de laquelle luttent les compagnons serait communiste pour que le maximum de prospérité y soit atteint avec un minimum d'efforts, et anarchiste pour que chacun y puisse, en toutes directions et sans contrainte, développer sa personnalité.

M. Mackay nous dit que toute association sera impossible, en ce sens que les individus n'arriveraient jamais à s'entendre et que toujours les uns essaieraient de spolier les autres. — Mais quel intérêt de posséder plus que le nécessaire lorsque l'on serait certain d'avoir le superflu ?

Le goût de l'aide mutuelle existe parce que nous avons tous et toujours besoin les uns des autres.

L'enfant, le malade, le vieillard ne sont pas des types, mais bien des modalités de l'individu dans le temps ; — l'enfant devenu homme subviendra à l'homme devenu vieux, le malade revenu à la santé nourrira à son tour ceux qui tomberont malades, et ils ne se devront rien les uns aux autres, car personne n'aura été contraint ou exploité, — les sympathies auront simplement trouvé à s'exercer, les affections, les dévouements à s'employer.

Et cependant John-Henry Mackay a raison de dire que l'égoïsme est le mobile de toutes nos actions : Comment concilier ces contradictions apparentes, ce que l'auteur appelle « l'incompatibilité absolue de l'anarchisme et du communisme » ? — La simple analyse d'un acte quelconque les concilie. Aristote n'est pas le premier qui ait démontré que le plaisir naît de l'activité et meurt avec elle, et si cette activité est grande, ce plaisir est joie : qu'importe que le produit ou le bénéfice de mon activité tombe ou non dans la communauté, ma joie est bien à moi ! Devrai-je me priver du plaisir que j'éprouve à faire une découverte scientifique sous prétexte qu'elle ne me profitera pas ? M'arrêterai-je de faire des objets d'art dès que j'en serai encombré ? Préférerai-je l'ennui

à n'importe quelle occupation, la tristesse de l'oisiveté à la joie de l'activité, parce qu'il n'y aurait pas en
jeu une nécessité matérielle ? Non, — n'est-ce pas ?

Et nous sommes des égoïstes,

O nous dont le travail est joie.

nous sommes des égoïstes de vouloir travailler. Nous
n'aurons jamais trop de buts à notre activité, nous
voulons avoir toujours quelque chose à réaliser, et
l'univers entier n'est pas trop grand. Que sans cesse
nos désirs soient en verve d'énergie pour le vrai et
le beau, contre le laid et le faux, et, dussions-nous
souffrir, dussions-nous périr dans l'action. nous aurons été heureux.

Ceci est dans la nature de l'homme ; quand il sera
libre, il agira selon sa nature : c'est pourquoi on ne
peut penser qu'anarchisme et communisme sont une
seule et même chose.

(L'Endehors, 21 août 1892.)

L'ENNEMI DES LOIS

Parce que à nos yeux le geste du juge, qu'il bénisse ou condamne, est toujours ridicule, nous laisserons ceux dont c'est le métier expertiser la tenue littéraire d'un livre comme l'*Ennemi des Lois*, de M. Barrès.

Mais on peut en parler sans souci de le juger, car sous l'affabulation il y a substance. Cette substance est l'idée que le nom du volume annonce : le héros, André Maltère, jeune philosophe nourri de la science et de l'art modernes, est un homme à l'intelligence et à la sensibilité affinées, et cet homme est ennemi des lois non parce que les lois sont en elles-mêmes sans vertu et nuisibles, mais par amour de la liberté.

« Je m'accuse, » dit André Maltère devant le jury, « de désirer le libre essor de toutes mes facultés et de donner son sens complet au mot exister. »
« Vous obéissez au plus honteux égoïsme ! » nous disait l'honorable ministère public. Forte parole, où je ne supprimerai que l'épithète de honteux.

« Si vous désignez par égoïsme le désir de contenter ses besoins, en ce sens je suis et chaque parcelle de la nature égoïste.

« Toutefois, je ne suis pas d'une telle façon que je refuse aux autres le bénéfice de ma clair-voyance ; c'est même de cette libéralité que je réponds devant vous. »

André Maltère est donc un individualiste nullement étroit. Aussi est-on étonné que cet ennemi des lois dans l'avenir soit leur apologiste dans le passé.

« Si, est-il dit, la loi, étant donné l'infinie variété des cas, est rarement satisfaisante pour une espèce, n'établit-elle pas, dans l'ensemble, un minimum d'a-bus ?

« Mal évident au jour le jour, le bénéfice. d'un règlement me paraît incontestable au bout de l'année. »

Tout miracle échappe à la discussion. — Mais voici qui s'adresse à la raison. C'est André Maltère qui parle :

« Ne sentez-vous pas que notre instinct a profité du long apprentissage de notre race parmi les codes et les religions ?

« Les lois ont été nécessaires. Au commencement qu'ils étaient bipèdes, nos aïeux en usèrent comme de béquilles. Elles les soutinrent jusqu'au point où nous sommes ; rejetons cet appareil désormais superflu.

« Les dogmes et les codes nous ont mis dans le sang la pitié et la justice. »

Sur quoi l'auteur se base-t-il pour dire que les lois ont été éducatrices ? Leur fixité crée obstacle au pro-grès des mœurs. Comment pourraient-elles avoir influencé sur les mœurs, puisqu'elles en sont une résultante. Et comment ce qui est sanctionné par la force peut-il nous avoir mis dans le sang la pitié et la justice ? alors que c'est justement l'adoucissement des mœurs et les progrès de l'idée de justice qui ont ruiné les dogmes et les codes et les feront crouler un jour.

Ceux que M. Barrès considère comme une humanité inférieure et ayant besoin d'apprentissage doivent leur infériorité aux lois qu'ils subissent.

Il n'est pas besoin d'intelligence ou de cœur pour obéir aux lois, — la crainte du gendarme ou de l'enfer suffit.

Les dogmes sont des ordres, les codes des défenses, l'individu pris dans cet engrenage ne s'améliore pas, il se brise. Et pour prouver qu'il ne se détériore pas il faudrait démontrer que ces dogmes et ces codes sont bons — l'antiquité les déclarait divins !

La moralité est une conséquence de la liberté à l'infini, de la licence illimitée.

La liberté du bien n'existe pas sans la liberté du mal.

En quoi est-il moral de faire le bien, si l'on n'a pas la permission de faire le mal ?

En admettant, chose improbable, que les lois aient jamais édicté de sages défenses, elles dénaturèrent néanmoins le sens du bien et du mal.

Il nous semble impossible qu'il faille « de longs siècles d'esclavage, puis de soumission aux religions et aux codes » pour apprendre à ne pas obéir et à vivre libre.

Supprimez l'autorité des lois (celle des dogmes est déjà sans danger pour le présent et l'avenir), et bientôt sera « cet instant-là où le bonheur des autres apparaîtra à chacun comme une condition de son propre bonheur, où l'homme souffrira de nuire et fera le bien par besoin, comme le voluptueux va à sa volupté ».

Les lois ne sont que les affreux textes enregistrant la volonté du plus fort, protégeant la propriété, éternisant toutes les inégalités, toutes les injustices sociales et s'opposant au bel élan des passions.

(*L'Endehors*. 18 octobre 1892.)

TRISTES JEUNES

Dans une récente étude, M. A. France, félicite M.
Ed. Rod d'avoir bien compris et exprimé le pessimisme des jeunes hommes de notre époque.

Le critique du *Temps*, cherchant une cause à ce
découragement, à cette désespérance qui rouillent les
énergies vierges, dénonce le manque de croyance,
l'irréligion ; et ce banal cliché chipé à M. Prudhomme
est complaisamment développé par cette vieille petite
dame.

Malheureusement, elle ne nous explique nullement
ce qu'il faut entendre par religion.

Est-ce une croyance ? mais toute croyance suppose
un objet.

« Croyez ! » ont écrit les Voguë et les Lavisse et
les France. — Croire à quoi ? Plus logique, M. Barrès
réplique : « Ne croyez à rien ! »

Cela permet d'être estimé, renté, député, académi-
cien, etc., douces choses !

« Croire » au contraire est une chose terrible et
dangereuse.

— Croyance implique amour et dévouement pour l'objet de sa foi.

— Croire à la Justice, où cela n'entraîne-t-il pas ? — à détruire l'injustice !

— On ne peut penser sans un grand frisson à tout ce que la destruction de l'injustice contient d'effroyables événements — quant au croyant, vous devinez son sort !

Non, disciples de Barrès, de France et de Voguë, n'aimez point la justice, vous seriez reniés par vos maîtres.

— La Liberté ? non plus ; c'est bon pour les brigands, les hors la loi, les anti-sociaux : aimer la liberté ? vous voulez donc aller en prison ?

— Liberté — mais, messieurs, l'homme est un fauve pour lequel il n'y a jamais de trop étroite cage, de trop solides barreaux ; les vôtres sont dorés, regardez comme ils sont beaux, et n'ayez plus de vilaines idées ; on vous ordonne de croire, croyez mais n'ayez pas d'idéal, si ce n'est comme bijou, dans un écrin parfumé ; vous le mettrez seulement pour aller en soirée, et il y en a de jolis et faciles à porter dans le genre mystique — grand choix. —

— Aimez le bien, mais convenablement — platoniquement ; ne haïssez pas le mal, il est nécessaire ; consolez ceux qui en souffrent, et ayez pour eux beaucoup de pitié !

— La vérité a pour vous des attraits, vous la recherchez avec passion, prenez garde de vous laisser entraîner à des excès ; l'erreur est vieille comme l'humanité, respectez l'erreur, ne rompez pas avec le passé, les traditions sont vénérables et saintes, comme vos pères et vos ancêtres — soyez des fils pieux !

Détournez vos yeux de l'avenir, tournez-lui le dos, voyez comme c'était admirable autrefois. Allons, admirez-donc — croyez ! il faut croire, si vous ne croyez pas, vous êtes perdus ! n'écoutez pas M. Barrès.

Quoi, vous n'avez point d'espérances, point d'enthousiasme en vos cœurs froids, le pessimisme vous ronge, le cadavre du passé ne vous donne nulle joie, nul désir d'étreinte, le présent vous dégoûte et vous vous réfugiez dans le rêve !

Ah, jeunes gens, vous désolez vos maîtres ! mais vous les désoleriez davantage si vous vous éleviez en protestations contre les laideurs actuelles, et vous exciteriez la colère des hideux. — N'allez pas crier le cri des douleurs du temps.

Le silence est d'or, vous ont dit les sages !

Et si un jour, regardant ce qu'il vous est défendu de voir, vous aviez une vue de l'avenir en beauté, fermez les yeux, jeunes saint Antoine !

Vous ne seriez plus pessimistes, vous n'auriez plus ni découragement ni désespérance, mais, succombant à la tentation, vous deviendriez anarchistes, et Dieu lui-même dans sa miséricorde pourtant infinie, ne vous le pardonnerait pas !

Vos maîtres rougiraient de vous, et M. Barrès en rirait.

(*L'Endehors*, 1er octobre 1892.)

REVE DE VIE

Je connais un artiste qui fut peintre parce que telle était sa vocation.

Il était pauvre, — ce qu'il sentait peu.

Franc de tout collier, naturellement intransigeant de par sa personnalité germante.

Ses forces convergeaient toutes vers son idéal. Il goûtait la joie de vivre, son être progressait en harmonie. Il ne gagnait pas d'argent. Un jour un amateur lui acheta une toile. Son premier salaire lui apporta une sensation étrange, équivoque, de tare, de souillure. Il put vaincre sa répugnance mais non s'avouer qu'il y eût équivalence entre son âme et le prix d'achat, l'échange avait à ses yeux, il ne savait quoi d'injuste et de faux ; il en garda une tristesse inconsciente. Loin de réagir, il en vint même à prostituer son talent, sa vénalité lui causa un dégoût dont il se railla désormais, s'efforçant au mépris de lui et des autres. Un regret lui resta cependant, et nous eûmes un jour cette conversation :

— Combien ce tableau que tu fis il y a dix ans ?

— Mille francs.

— Sur quoi te bases-tu pour dire ce prix ?

— Sur rien, il vaut mille francs.

— Il y a dix ans tu vendais une toile cent francs.

— Il y a dix ans je n'étais pas connu.

— Ainsi la valeur de ton tableau vient de ce que ton nom est connu ?

— Oui.

— Si quelqu'un t'en offrait dix mille francs, le donnerais-tu ?

— Oui.

— Si tu touches dix mille francs, d'un objet dont la valeur est mille francs, tu voles à autrui neuf mille francs.

— Mais... si on m'offre cette somme c'est que mon tableau vaut cette somme.

— Tu me parais très fort sur la question de la valeur. Qu'est-ce au juste ?

— Je ne pourrais pas te le dire n'ayant jamais approfondi l'économie politique.

— Oh, chaque économiste distingué (ils sont tous distingués, ces inventeurs de génie !) a une théorie propre de la valeur, tu n'as qu'à choisir : les uns mesurent la valeur d'un objet au coût de sa production, d'autres à son utilité, d'autres encore à sa rareté, il y en a qui ont souci de sa beauté et de sa qualité ; j'ai même lu que la valeur était une chose qui variait suivant les gens, les pays et les saisons. Pour moi, je crois que c'est une invention merveilleuse à l'aide de laquelle on vole honnêtement son prochain.

—Tu trouves injuste que l'on tire un bénéfice de son travail ?

— Absolument.

— Cependant il faut bien gagner sa vie en travaillant.

— Néanmoins, c'est avilissant !

— Tu veux qu'on travaille pour rien.

— Oui.

— Alors personne ne voudrait plus exercer de métier.

— En es-tu bien sûr ?

— Dame !

— Ainsi toi, pourquoi travailles-tu ?

— Pour manger... Il faut de l'argent pour vivre.

— Si tu avais de quoi manger, c'est-à-dire s'il ne te fallait pas d'argent pour vivre, tu ne ferais plus de peinture ?

— Oh, moi, je travaillerais quand même, parce que j'aime mon art, j'ai des idées de belles choses à faire... Ne plus peindre ! mais au contraire, j'entreprendrais alors...

— Arrête, arrête, que d'enthousiasme ! tu oublies que personne n'achèterais tes chefs-d'œuvre ?

— Voilà qui m'importerait peu.

— Et ceux qui voudraient voir ces belles choses, qui t'en demanderaient afin de s'en réjouir, leur permettrais-tu de venir ?

— Certes, pourquoi pas ? Ceux-là seraient mes amis qui aimeraient mes œuvres.

— Aujourd'hui, crois-tu que ceux qui achètent tes toiles soient ceux qui les aiment ?

— Hélas, je sais bien que le plus souvent c'est par vanité ou spéculation.

-- Et tu trouves ça bien ?

— Moi, pas du tout, c'est ignoble et absurde, mais c'est ainsi que nous vivons.

— Ça changera.

— Tu crois ?

— Certainement. Quand beaucoup auront compris qu'il est ignoble et absurde de vivre comme nous vivons.

— Je ne peux nier que les artistes ne demandent qu'à travailler pour et par amour de l'art, mais les ouvriers ?

— Les ouvriers sont comme les artistes, comme tous les hommes : ils aiment à dépenser les forces de leur intelligence et de leurs muscles suivant leurs aptitudes ; un menuisier trouvera autant de plaisir à faire une belle table que toi un beau tableau et il sera fier et joyeux si sa table plaît à quelqu'un de ses amis.

Il en sera ainsi de tous les produits du travail, chacun veut faire montre de ses capacités : le jardinier sera d'autant plus heureux des fruits qu'il aura fait pousser que tu les trouveras plus savoureux ; les moissonneurs seront glorieux de leurs meules comme les musiciens de leurs partitions, les photographes de la netteté de leurs épreuves, les éleveurs des jarrets de leurs étalons, etc., etc.

— Oui, on a moins de plaisir à faire et on fait moins bien ce que l'on fait pour de l'argent, ou par force (ce qui est synonyme), tu n'as pas à le démontrer, mais comment se passerait-on d'argent ? Comment ferai-je si on me refuse ma nourriture ?

-- Les hommes n'auront alors que des rapports d'amis. Qu'est-ce qu'une société où l'on vit en concurrence, en hostilité contre les autres, en ennemis ? C'est là barbarie, tu peux le constater chaque jour : il n'y a de société qu'en communauté. Notre société n'existe qu'en proportion de son degré de communauté. Quelle solidarité entre gens n'ayant rien de commun ?

— Certes, l'argent détruit toute fraternité.

— Que la dégradante préoccupation de s'enrichir aux dépens des autres n'existe plus, et tu verras disparaître avec elle les bassesses et la corruption, et toutes les souffrances et tous les crimes que causent la faim et le luxe. Pour atteindre ce but il faut que les hommes s'affranchissent des pouvoirs étrangers et n'aient plus d'autre maître que leurs amours et leurs passions. Quand on aura supprimé tous les codes, tous les timbres, tous les billets de banque et que les gens de loi et d'autorité n'existeront plus, les amis n'auront qu'à se donner la main et se dire mutuellement : « Fais ce que veux. »

(*Revue Anarchiste*, 3 août 1893.)

REPONSE A M. ALFRED VALLETTE

Pour avoir exposé les idées que j'ai empruntées à Fourier, Tolstoï et Kropotkine, je suis accusé d'avoir fait un article nuisible.

Heureusement, mon accusateur m'a trouvé une excuse, ma naïveté.

Elle m'a fait croire que chaque individu a ses aptitudes propres. M. A. Vallette connaît des gens qui en sont complètement dépourvus. Je me suis donc trompé.

Par contre, M. Vallette se trompe quand il prétend que je préconise l'échange, car je ne vois pas de différence entre la vente ou l'échange, tous deux sont également anti-anarchistes.

J'ai dit aussi qu'il peut y avoir de l'art dans toute création, je l'avoue, ce qui me vaut force reproches.

Mais tout cela est peccadilles légères ; ce qui m'a rendu digne de tous les blâmes et railleries, c'est de supposer une vie sociale où il n'y aurait pas de vidangeurs, de croquemorts, de balayeurs, etc.

Or, j'habite une ville de 20.000 habitants où il n'y

a aucun de ces intéressants personnages, ce qui me fait croire qu'à l'occasion l'humanité ne pleurera pas tant leur disparition et que M. Vallette lui-même s'en consolera facilement.

Néanmoins je compatis à ses regrets, mais pourquoi déclarer aux lecteurs de *l'Echo de Paris* que c'est moi qui voit les choses de trop bas ?

D'ailleurs, je n'ai entendu édicter aucune obligation, mais exprimer un rêve individuel.

En liberté, si ceux qui pensent comme moi sont en assez grand nombre, nous formerons un groupe bien vivant et prêchant d'exemple.

M. A. Vallette formera avec ses amis un groupe différent et, je n'en doute pas, supérieur, où il y aura des vidangeurs, des croquemorts et des balayeurs ; c'est tout ce que je lui souhaite, en anarchie. Puisse-t-il, prenant acte des concessions que je fais, conserver à *la Revue Anarchiste* toutes les sympathies qu'elle mérite.

(*Revue Anarchiste*, 30 septembre 1893.)

LA PROPRIETE

L'idée que l'homme eut de la propriété, c'est-à-dire du rapport existant entre lui et les choses, a varié tellement, suivant les peuples et les siècles, qu'elle nous semble aujourd'hui fort obscure et par conséquent fausse. Alors que l'effort ne se différenciait pas encore de l'animal, l'instinct de la satisfaction de ses appétits, lui a enseigné son droit de jouissance sur les biens de la terre. L'affaiblissement de l'instinct et le développement cérébral l'ont amené à choisir en connaissance de cause et connaître ses préférences, mais la distinction du *mien* et du *tien* comment s'établit-elle ?

Les malédictions de Rousseau contre le premier qui fit de son champ un enclos et dit : *ceci est à moi*, sont puériles ; ce premier est un être symbolique : son cas suppose une révélation et est antiscientifique. Il fallut des causes impossibles à être précisées et agissant pendant des siècles pour l'établissement de la propriété privée. Vraisemblable est cette hypothèse autre que, antérieurement, les préhistoriques humains se sont naturellement associés pour chasser, voyager, cultiver, récolter, etc. Ainsi vivent encore certaines races. Quelques-unes de ces associations, sous l'action de causes mauvaises se sont rompues, probablement, car un isolement au moins moral de l'être humain fut nécessaire pour que l'antagonisme du *mien* et du *tien* apparût. On ne peut comprendre le maintien et le développement de la propriété individuelle que par l'état de guerre devenu habituel. Comment put-elle se développer ? Non par le travail personnel et l'épargne, car tout produit était normalement la proie du plus fort, mais par la rapine des biens d'autrui, des étrangers et surtout par la réduction de ceux-ci à l'esclavage.

L'histoire ancienne entière en témoigne. Elle nous dit clairement que là où la propriété individuelle était, l'humanité fut malheureuse. Nous n'hésitons pas à voir dans cette concordance le lien de cause à effet. Un peuple où la propriété est en communauté est un peuple paisible, de mœurs douces et de passions généreuses, par définition. On conçoit d'évidence que les principes selon lesquels vivent entre eux les membres d'un tel peuple, c'est-à-dire leur *morale*, soit infiniment supérieure à celle des nations où les individus sont en concurrence l'un de l'autre.

La forme de la propriété est une conséquence des mœurs. Le progrès des mœurs, le seul qui importe, peut s'énoncer la conscience que l'humanité prend elle-même ; elle tend fatalement à vivre selon sa raison et à n'être plus guidée vers la vérité de Nature par l'instinct, comme à l'époque animale, mais par la science. Or, la question de la propriété n'a guère encore été étudiée qu'empiriquement, l'empirisme étant l'intermédiaire entre l'instinct et la sagesse. Le code civil français, par exemple, ne lui donne aucune base rationnelle et ne parle pas une fois du droit naturel de l'homme sur les choses. Les législateurs ne se sont inquiétés que des divers modes d'acquérir des meubles et des immeubles, sans les justifier en droit. Parmi ces modes d'acquisitions, avec une belle sincérité, ils n'ont pas admis le *travail* ; ils ont même pris soin de dire formellement que le producteur n'a aucun droit sur le produit, réduisant ainsi à néant toute l'argumentation des économistes. Une citation s'impose :

Art. 547. — « Les fruits industriels, les fruits civils, le croît des animaux, appartiennent au propriétaire par droit d'accession. » (C'est une reproduction du texte le plus rigoureux du droit féodal.)

Art. 548. — « Les fruits produits par la chose n'appartiennent aux propriétaires qu'à la charge de rembourser les frais de labours, travaux et semences faits par les tiers. »

Ainsi est attribué arbitrairement au seul propriétaire du capital, terre ou argent, le produit tout entier ; quant au producteur, il a droit à une indemnité ou salaire. Eh bien, en déniant au producteur aucun droit de propriété sur le produit, le code énonce une vérité absolue. Nous ne dirons pas que la propriété du produit appartient au propriétaire de la chose, car cela ne repose sur rien ; c'est une simple attrition impossible à légitimer comme serait celle qui donnerait au producteur la propriété en question.

.·.

« Comment, s'écriera-t-on peut-être, vous aussi vous prétendez que le producteur n'a aucun droit au produit ? »

C'est en effet notre conviction. Nous nous sommes demandé la raison d'être d'un produit, son pourquoi, sa cause finale, et nous avons trouvé que c'était sa consommation, ce qui revenait à constater que la propriété appartenait au consommateur.

D'autre part, en recherchant un fondement légitime à la *propriété personnelle* nous avons rencontré le *besoin personnel*. Et nous avons conclu que *le droit à la propriété d'un morceau de pain, c'est la faim.* C'est le seul droit d'appropriation, ce droit est à l'individu de par son existence, étant donné sa tendance à persévérer dans son être.

La théorie adverse qui attribue le produit au producteur est très réfutable.

Tout d'abord, il faut remarquer qu'il n'y a jamais création, mais transformation, assemblage, composition : la substance est toujours, et qui dit produit ne parle que d'une de ses modalités : or l'auteur de cette modalité que vous appelez producteur n'est qu'un coauteur, car toute la production est collective, coopérative : le travail de tous les peuples, de toutes les générations précédentes et de l'univers a été indispensable pour produire ce qui est nécessaire à l'existence d'un seul individu. Personne ne peut dire : « Ceci est mon produit, » mais bien : « J'ai participé à la production de ceci. » Ainsi, le pommier ne forme pas la pomme, il coopère à sa formation. Ses associés, ce sont les humains qui défrichèrent et assainirent la contrée, ce sont ceux qui ont cultivé les sauvageons, ce sont ceux qui les ont greffés et soignés, c'est la chaleur et la lumière du soleil et de la lune, c'est l'air, la terre, le vent, la pluie, etc., etc. A qui la pomme ?

A aucun de ceux qui la produisirent, mais à celui pour qui elle fut, à son destinataire ; le fruit mûri se tend de lui-même vers le vivant que le besoin attire vers le fruit, et le fruit se détache de l'arbre à la moindre pression de la main parce qu'il est bon à être mangé ; ainsi le veut l'harmonie de la nature, la raison des choses et des hommes : c'est l'ordre. Avant d'appartenir réellement à celui qui en avait désir, ce fruit, ce bien, cette utilité lui appartenait déjà virtuellement, en totalité et de toute éternité.

*
* *

De l'observation de la nature, la raison de l'homme déduit que la production est collective et la consommation individuelle : ce qui ne sert ni à la production ni à la consommation est *res nullius* et à l'usage de tous.

En dehors d'un arbitraire empirique, la propriété des choses, nécessairement collective pour la production, s'individualise non moins nécessairement pour la consommation. Autrement, il y a désordre, inharmonie, violence et souffrance.

Dans une humanité libre, la propriété existera donc sous deux formes. Chaque homme, tel un arbre, offrira le produit de son travail aux autres et leur prendra le leur suivant ses besoins. Et comme l'individu dispose, pour la production d'immenses forces collectives tandis qu'il ne peut compter que sur sa force personnelle pour la consommation, on peut prédire qu'il y aura toujours un excédent. Les groupements qui se formeront alors auront aussi pour effet d'augmenter la production et de diminuer la consommation, et ainsi l'humanité arrivera à donner un maximum d'efforts pour un maximum de jouissances.

Ces lignes n'avaient pour motif et pour but que de rechercher une base rationnelle au droit de propriété ; celle-ci indiquée, nous avons cru bon de laisser entrevoir quelques-unes de ses conséquences ; elles montrent aux anarchistes communistes et individualistes qu'un simple malentendu les divise.

(*La Plume*, 1ᵉʳ mai 1893.)

ROLE DE L'HOMME EN ECONOMIE POLITIQUE

L'économie politique, dont les sophistes ont fait une science abstraite, a transformé en entités purement spéculatives les idées de travail, capital, production, etc., en négligeant leur substratum unique, l'humain.

Tout n'est rien sans l'homme, il n'y a ni consommation ni production, mais des producteurs et des consommateurs, ni capital ni travail, mais des travailleurs, c'est-à-dire des hommes qui vivent.

Vivre c'est en dernière analyse accomplir une double fonction concordante d'assimilation et désassimilation dont la cessation constitue la mort.

Comme tous les êtres, l'homme emprunte à la nature ce qui lui est nécessaire pour entretenir ses forces, et les dépense.

On ne peut intervertir l'ordre sans fausser le raisonnement : l'homme ne travaille pas pour manger, il mange pour travailler ; il ne peut dépenser des forces avant d'en avoir pris.

D'où le droit primordial aux vivres non complètement ignoré quant aux enfants.

Il est facile de voir qu'il n'est périmé à aucune époque de la vie, que chacun vit du travail des autres et que le contraire est impossible.

Pour l'individu isolé, Daniel de Foë a fait, à son insu, une démonstration suffisante.

En société, nous invoquerons au besoin l'autorité de M. Sully-Prudhomme, et de vingt autres pour établir que la collaboration de tous est indispensable à la production de chaque objet et qu'il faut le concours de plusieurs milliers d'hommes pour nourrir un maçon une journée.

Puisque l'on consomme avant de produire et que chacun consomme plus qu'il n'œuvre, pourquoi ne pas conclure que les vivres, les biens, doivent être à la disposition de tous ?

C'est la fameuse prise au tas de Kropotkine qui résume pour nous la question de la consommation et de la répartition des biens.

Si nous écrivions un traité d'économie politique, la première partie n'exposerait que ce droit jamais prescrit d'où se déduit le devoir pour chacun de prendre ce qu'il lui faut où cela se trouve, dans une société anarchiste.

On pourra encore, en défaut d'arguments, dire que nous manquons de complexité, que notre naïveté fait sourire... ou pleurer, jamais nous ne croirons avoir été trop simple ou trop clair.

Qui fait mystère mystifie et rien n'est plus obscur que ce qui ne signifie rien ; nous ne reconnaissons qu'à l'art le privilège de draper la vérité.

Si ce que nous disons est compris même des esprits

simples, nous en serons fiers, sans souci des quiétudes futures.

Les railleries des assouplis à la socialité opportuniste, pour qui l'injustice est une nécessité vitale, sont d'excellents certificats et de bons encouragements.

Une fois vêtu, reposé, nourri, votre homme n'aura plus besoin de rien ? objectera quelque rentier qui imaginera un ventripotent somnolent et éructant, étalé sur de moelleux coussins...

— Erreur, ô spécimen ornemental de l'actuel mode de vie, notre homme n'a pas encore ce qui est nécessaire à son existence, il a encore droit à quelque chose, à travailler.

Il lui est aussi impossible de ne pas travailler que de ne pas manger, l'un entraînerait comme l'autre souffrance et mort.

Laissez l'homme libre, il travaillera naturellement, il emploiera ses forces et usera de ses facultés selon son intelligence.

Ceux qui regardent le travail comme une chose à éviter, ignorent la joie de vivre.

Travailler est une source de plaisirs plus abondante que manger ou dormir, ce n'est pas une malédiction à nos yeux peu catholiques.

Les sociologues du XIXᵉ siècle ont démontré irréfutablement la théorie du travail agréable, mais la vérité est restée dans les livres pour le malheur commun.

On ne croit pas au travail volontaire, cependant il est un des éléments certains du bonheur ; il est la satisfaction d'un désir, une action d'amour, on aime l'œuvre de soi ; la tendance à la perfectionner, à la multiplier est de notre nature ; on préfère où l'on excelle, les appétits de nos aptitudes ne sont pas refrénables perpétuellement, et pourquoi les refréner ?

Comment concilier ce qui précède avec l'opinion presque générale que le travail est une dure nécessité ?

Tout d'abord, il est bon de remarquer qu'il y a absurdité et désagrément à agir contrairement aux dispositions idoines d'un individu, mais il est certain que, sans entraves artificielles, il trouvera ce qu'on est convenu d'appeler sa voie.

Ce cas mis à part, qui est un peu le cas de tout le monde aujourd'hui, il y a encore une raison qui fait justement considérer le travail comme sans attraits, c'est qu'il est ordinairement un excès.

Les époques à venir auront une idée de la répugnante ignominie de la présente en constatant la synonymie de travailleurs et ouvriers, avec les mots de pauvres, malheureux et grossiers. Des hommes astreints à un labeur épuisant, quotidien, sans répit sous peine de faim, l'abus de la machine humaine, sans autre but que manger, sans espoir de joie ; le sacrifice inutile de soi, la servitude perpétuelle, voilà ce que *le travail* signifie.

A cet abusif épuisement des forces, des aggravations : leur défectueux renouvellement par une nourriture artificiellement reconstituante, composée de de viande et d'alcool, et un repos insalubre le plus souvent dans des logis étroits et malsains.

Nous voulons le normal exercice des facultés, non pour le gain d'un métal grossier et bête, mais pour la satisfaction personnelle. (Remarquons en outre que de tous les moyens d'acquérir de l'argent, le travail est le moins lucratif.) Le travail physique et intellectuel, tel que nous l'entendons est moral et sain, c'est-à-dire un bien ; c'est à l'heure actuelle un surmenage systématique, une fatigue déprimante, un mal.

Il est logique que chacun ne le subisse qu'à regret ; le devoir est de se soustraire à son joug, par tous les moyens, — de se révolter.

(*Revue Anarchiste.* 15 novembre 1893.)

PENSER

Toute science est vaine qui n'apprend à penser, c'est-à-dire qui n'aide pas l'homme à découvrir les vérités dont il a l'impérieux besoin pour vivre vraiment.

De ces vérités sera formé son idéal, soleil intérieur qui le guidera, l'éclairera, le réchauffera pendant sa marche vers le bonheur, qui n'est peut-être que le développement de nos aspirations, la floraison de notre être, notre réel vibrant harmoniquement avec notre idéal.

Il y a des hommes qui disent : c'est un mal de penser ; l'homme qui souffre et qui pense sent plus vivement sa souffrance, l'irrite et l'accroît, cela le rend triste et l'abat ; mieux vaut s'en distraire et opposer à sa souffrance l'insouciance.

Mais ces hommes mentent, car la pensée, après avoir mieux fait connaître la souffrance, continue son œuvre et mène à la découverte des causes.

Celles-ci connues, le patient fera tout ce qui dépend de lui pour s'en affranchir. Je crois que de cette conséquence tout le monde convient ; mais il y a des hommes qui arrêtent le patient par ces mots : « As-tu le droit de t'en affranchir ? » Mais ces hommes sont des fous, car au-dessus de toutes les lois, les devoirs, les religions, les conventions, les mœurs, les préjugés et les sentiments, la nature clame sa loi primordiale et inviolable comme toute vérité : l'être tend à persévérer dans son être.

Tout ce qui le gêne dans cet accomplissement est un mal, et sa force n'a d'autre but que sa résistance au mal.

Quand il souffre dans son corps, mettez-vous en question s'il a le droit de se guérir ? Et quand il souffre vous auriez des scrupules ?

J'entends des cris : mais c'est une théorie subversive !

Elle ne subversera que ce qui est subversible.

La pensée ne vient pas seulement éclairer l'homme sur ce qui est son bien, et ce qui est son mal, elle le sauve des faux biens et des apparences de bien.

Elle le délivre de la superstition et de la foi aveugle. Elle le préserve d'un nombre infini de vices en munisant l'esprit contre l'ennui.Ce n'est pas que pour sortir de l'ennui il n'y ait d'autres moyens que de penser ; mais ces moyens sont pires que l'ennui lui-même.

Tout d'abord, qu'est-ce que l'ennui ?

C'est le moment où l'homme, n'étant plus ému et

occupé entièrement par les choses extérieures (affaires, jeux, repas, conversations, spectacles,) se contemple lui-même.

S'il n'a pas appris à penser, il sent ses souffrances auxquelles rien ne vient donner le change ; au lieu de s'en affranchir, il cherche à les oublier, si même il ne se contente de s'attrister et de se plaindre naïvement.

Il est prêt alors à profiter avec avidité de tout ce qui le distraira, l'amusera : il se jettera dans les divertissements et les plaisirs.

Pour éviter l'ennui et la pensée, on en voit passer la nuit à danser, d'autres à boire et à faire du bruit, ce qui est un autre moyen de s'étourdir. Ce qu'ils ont dépensé dans ce but, d'invention et d'ingéniosité est inimaginable !

La plupart des arts ont eu cette destination (je ne parle pas de l'art qui est la pensée du beau).

Ils ont trouvé un moyen artificiel pour employer chacune de leurs facultés inutilement ; le jeu de cartes ou de loto, ou les billes qu'on pousse avec une canne, ou les courses de chevaux, la chasse des petits animaux, le canotage, la société et la conversation des femmes, enfin les mille formes qu'ils ont données au vice.

A côté de ces divertissements frivoles, ridicules ou malsains, d'autres, qui au fond ne valent guère mieux, bien que l'on les considère comme plus sérieux et qu'ils nécessitent plus d'efforts et d'intelligence, car leur but inavoué est aussi d'arracher l'homme à l'ennui : ce sont la recherche de la gloire, de la richesse, de la puissance, et les passions.

Mais tout cela n'est que vanité, et penser un instant c'est s'en convaincre ; celui-là est un fou qui souffre pour de vaines choses.

L'homme s'agite dans le vide et sa pensée le mène.

Les gouvernements ont eu le plus grand intérêt à ce que les hommes ne pensent pas, c'est pourquoi on les voit favoriser l'activité des affaires, l'accroissement des richesses, le luxe, les jeux ; c'est pourquoi ils donnent des fêtes, des emplois, des honneurs, des distinctions ; c'est pourquoi ils perpétuent la misère. (Celui qui, pour manger, doit travailler toute sa journée, n'a pas plus le temps de penser que celui qui s'amuse ; on a raison de mettre le travail au rang des plus absorbantes distractions.) Un gouvernement se détruit lui-même qui n'a pas le soin d'abrutir ses gouvernés et leur permet d'apprendre à penser.

Le gouvernement qui répand l'instruction et ouvre les bibliothèques, au lieu de ne laisser enseigner que la technique et de brûler les livres des penseurs, devrait, s'il était logique, disparaître et céder la place à la liberté.

Ne voit-il pas, cet imprudent gouvernement, que ceux qu'il gouverne, mieux éclairés, voudront se gouverner eux-mêmes ?

Qu'ils feront tout ce qu'ils pourront pour ne pas être exploités, qu'ils ne paieront plus pour avoir un maître, qu'ils refuseront d'être esclaves aux plus belles années de leur vie, avec la perspective de se faire tuer un jour pour défendre, sous le nom de patrie, le gouvernement.

Qu'ils aimeraient mieux risquer leur vie en tâchant de le détruire, dès qu'ils arriveront au niveau intellectuel de l'âne de Lafontaine, et diront avec lui : « Notre ennemi, c'est notre maître. » Qu'ils refuseront leur aide pour maintenir l'asservissement de leurs frères, ou l'injuste répartition des biens. Qu'ils proclameront le droit de tous à vivre.

Quand tous les gouvernés sauront penser, ce ne seront plus les gouvernements qui règneront, mais la liberté, l'égalité et la fraternité.

DE L'EDUCATION LIBERTAIRE

Mon cher Ami,

L'avis que tu me demandes est facile à donner, et cependant j'imagine que tu as pensé m'embarrasser.

Comment élever les enfants, les instruire et les éduquer ? belle question ! — par la liberté, pour la liberté ! la réponse est à prévoir, n'est-ce pas, mais ne te satisfait pas ; ce que tu veux, c'est la description, de la base au faîte, d'une opinion libertaire sur l'éducation des enfants.

Je tenterai donc de classer et d'élucider les notions que je peux avoir sur ce sujet, à certain point de vue, capital.

Si pour la commodité du langage on est souvent tenté de généraliser, qu'il soit bien entendu que nous considérons l'enfant comme un individu unique, que tout ce qui est applicable à un n'est jamais entièrement applicable à un autre.

Tout système d'éducation fixe et régulier est donc faux, il ne forme pas, parce qu'il uniforme.

La vie de l'enfant ne commence pas du jour de sa naissance ou de sa conception ; il est préalablement adapté au milieu qui l'attend, il apporte avec lui les influences ancestrales, les produits de l'atavisme, le tempérament, le caractère de ses auteurs, les ressemblances familiales, les signes de sa race.

Le nouveau-né est donc riche de tendances et de prédispositions, il a un grand nombre d'aptitudes confuses, dont quelques-unes seulement germeront et grandiront avec lui.

La comparaison de l'enfance à une cire molle prête à recevoir telle empreinte qu'il plaira est donc inexacte, mais nous nous tromperions si nous confiions au hasard, sous prétexte de liberté, le soin de faire éclore la personnalité du futur adolescent.

Dans le trésor des facultés possibles en germe chez l'enfant, l'éducateur peut choisir les meilleures, les plus utiles à l'individu, et par conséquent à la société, c'est-à-dire les plus adéquates au milieu où vivent les hommes.

L'enfant n'est pas une cire qu'on modèle, mais sa première activité est de se modeler lui-même sur ceux qui l'entourent ; il s'exerce à imiter ; il semble qu'il continue à s'enrichir de tout ce que ses prédécesseurs ont acquis, en quelques mois il se met au courant, en possession des manières de vivre de ses aînés.

A ceux-ci incombe donc le devoir de ne pas lui donner de mauvais enseignements. Tel acte qui semble sans importance à un adulte est inoubliable pour l'enfant ; dans les premières années, tout l'impressionne avec une égale force, sa curiosité est insatiable,

il absorbe par tous ses pores l'enseignement du milieu ;
dans ses premières années, il accumule une somme
prodigieuse de connaissances sur les gens, les choses
et lui-même ; à part les heures de sommeil, l'enfant
ne perd pas un instant ; « il faut sans cesse s'occuper
de lui, » disent les mamans ; il semble qu'il ait hâte
d'expérimenter son existence, de vérifier les notions
que ses sens lui apportent en foule.

Ceci constaté, la méthode d'éducation et d'instruction qui nous semble s'imposer est de satisfaire la
nature et d'utiliser ses forces.

Jusqu'à l'adolescence l'enseignement viendra de
l'extérieur présenter à la curiosité du sujet des éléments choisis, lui faciliter les investigations sans les
imposer. C'est une culture intellectuelle qui donne le
maximum de résultats sans dépenser des forces inutiles.

Le milieu étant le grand éducateur, qu'on le veuille
ou non, il convient de bien choisir celui où les enfants
doivent se développer.

Sur ce point principal, le choix théorique n'est
pas difficile.

Le milieu ne peut pas être un collège ; la puérilité
se prolonge chez les enfants qui ne voient et fréquen-
tent que des enfants ; bien d'autres considérations
condamnent ce système.

Il ne convient pas non plus d'isoler l'enfant dans
l'influence d'un éducateur unique, parce que celui-ci
ne doit pas sacrifier son existence à celle d'un enfant,
et, en outre, parce que les sympathies de l'enfant sont
changeantes, et à la recherche d'émotions neuves.

L'enfant qui s'instruit lui-même, prend pour professeur celui ou celle qui lui inspire confiance, lais-
sez-le libre, il se fiera au meunier pour savoir comment on broie le blé, le vigneron lui fera comprendre
comment on cultive et taille la vigne, le forgeron lui
prouvera sans peine comment se travaille le fer, le
jardinier comment germent les graines, le maçon
comment on emploie les pierres et la chaux.

Jusqu'à douze ans, petit villageois, il prend librement et naturellement des leçons de choses qu'il n'oublie jamais. L'école c'est pour lui tout : le village, les
champs, la rivière, la forêt, etc. Il a appris par le
fait, il sait de la chimie, de la physique, de l'histoire
naturelle, de la géographie, etc. ; et quand quelqu'un
s'avisera de lui révéler la théorie de ce dont il a la
pratique, il le croira facilement. Alors il sera temps
de mettre à sa disposition des livres et des profes-
seurs, simplement pour lui faciliter ses études. N'ayant
ni programme à suivre, ni diplôme à conquérir, il n'y
a aucun inconvénient à laisser notre jeune sujet s'instruire selon son goût et son besoin.

L'enseignement moral, mieux encore que l'enseignement technique, se donne par l'exemple, par la conversation, par l'application habituelle des sentiments
de vérité, de justice et d'humanité ; la haine de l'autorité est contagieuse, l'habitude de l'égalité, le respect
de soi et d'autrui s'acquièrent vite dans un milieu
libertaire... Dans un milieu libertaire ! bon, diras-tu,
la question de l'éducation des enfants se pose justement dans la société actuelle, la société future la
résoudra, mais aujourd'hui comment faire ?

Aujourd'hui, hélas, aucune solution générale n'est possible ; là, comme partout, on est acculé à la nécessité d'une révolution sociale... Et les essais d'école libertaire ? Je t'avoue que je n'ai jamais compris comment on peut instruire libertairement entre quatre murs ses enfants qui, la porte passée, sont en contact complet avec le milieu autoritaire et capitaliste d'une grande ville.

Les adultes, habitués à s'instruire auditivement ou livresquement ont tiré profit des cours faits par de savants et dévoués camarades, nul n'en doute, mais les enfants, que pouvait-on faire pour eux dans cette voie ? L'instruction libertaire ne se donne pas par une méthode bourgeoise.

Aux parents disposés à se séparer de leurs enfants, la solution provisoire, mais immédiate, me semble la mise en pension, par petits groupes, dans des exploitations agricoles peuplées de camarades ; les jeunes sujets y vivront matériellement libres, au grand air, d'une manière frugale et saine, s'occupant aux utilités variées de la vie rurale, dans un milieu où l'on pratiquerait le plus possible les mœurs libertaires.

Les vacances qu'ils passeront dans les villes, chez les camarades citadins, donneraient aux jeunes esprits l'enseignement social par voie de comparaison, et, à quinze ans, vous aurez des filles et des garçons robustes, ayant une somme de connaissances mieux digérées et supérieures à celle de la moyenne des enfants instruits théoriquement et disciplinairement comme des perroquets et des chiens savants.

Voilà, mon ami, ce que je crois en fait d'éducation libertaire.

En résumé, je pense que si l'atavisme prédispose c'est le milieu qui développe et forme réellement l'individu jeune ; le bon milieu fait les bons sujets. Tout le problème consiste à mettre l'enfant dans un bon milieu.

Ce bon milieu se trouvera plus facilement dans un petit village que dans une grande ville, près de la nature, plutôt qu'au sein des civilisations artificielles et inhumaines.

A toi libertairement et toujours à ta disposition pour discuter et éclaircir nos idées.

MAJORITE ET MINORITE

Attendu que les vérités, fruits de la science et de la raison, n'apparaissent d'abord qu'à un petit nombre d'individus, et sont mal accueillies par la grande masse, il appert que les hommes de progrès seront toujours la minorité, et que la majorité est forcément réactionnaire.

Il est donc illogique de compter sur l'aide de la majorité pour faire triompher la vérité.

La réaction, au contraire, est assurée d'avoir pour elle le plus grand nombre.

Attribuer une prépondérance quelconque à la majorité c'est vouloir faire machine en arrière, c'est vouloir être conduit par un aveugle.

C'est au milieu de l'hostilité générale que la minorité œuvre le progrès, elle travaille sous les huées, sous les coups, mais ne regrette ni ses peines, ni son sang, pourvu que la lumière soit.

De cette minorité, des unités se détachent parfois, vont faire leur cour à la majorité, jurent de la servir, la supplient de ne pas douter de leur dévouement ; mais les hommes d'action regardent ces gens-là comme des déserteurs.

En effet, ils sont devenus les soldats de l'erreur. Rien ne permet de dire que parce que la majorité pense d'une façon, cette façon soit la bonne ; mais il y a toute probabilité pour que ce soit la mauvaise.

S'il vous plaît d'oublier un instant le raisonnement précédent et d'admettre, avec les partisans du suffrage universel, que la majorité a toujours raison, il convient d'examiner et d'apprécier l'acte du suffrage universel.

Il crée le pouvoir.

Le fait de se choisir des maîtres peut être envisagé de diverses façons.

C'est évidemment encore faire usage de sa liberté que de l'aliéner, certains aiment à se débarrasser du fardeau ; ils sont généralement très approuvés.

Il est bon que ceux qui veulent être gouvernés le soient. Quiconque s'y opposerait attenterait un peu à la liberté de ces braves gens-là.

Mais il est souverainement injuste et révoltant que ceux qui n'ont pas voté, ou qui ayant voté ont été la minorité, soient aussi affligés d'un gouvernement dont ils ne se sentent aucun besoin, ou qui n'est pas celui de leur choix.

« Je veux le maître que je me suis choisi, » dit la majorité qui a voté.

« Je ne veux pas de maître, dit celui qui a gardé sa liberté intégrale.

La prétention de la majorité d'imposer à tous le

gouvernement qu'elle a créé est purement tyranni-
que et met la minorité en servitude.

La notion de Dieu, si mesquine, si puérile, si antiscientifique qu'elle soit, fournissait au moins au gouvernement une base juste : Tout pouvoir émane de
Dieu, il m'en a donné un sur vous, je ne suis que l'in-
terprète de sa volonté, m'obéir, c'est lui obéir, me
servir, c'est le servir. — Rien à réclamer, c'était la
logique même que le Tout-Puissant régnât.

La croyance en Dieu disparue, la foi morte, les
trônes s'écroulent. Comment en serait-il autrement ?

En ce siècle, on nous dit : Tout pouvoir réside dans
le peuple, le peuple est souverain, le peuple est libre.

Nous sommes tous libres et égaux.

Le peuple est un souverain étrange, il n'a pas de
sujets. Ou plutôt, il est à lui-même son maître et son
sujet. Chaque individu a sur lui-même plein et souverain pouvoir. C'est clair et précis : la grande Révolution l'a dit, voulu et fait. De cette liberté, de ce pouvoir, de cette souveraineté, chacun a le droit de faire
ce qui lui plaît.

Il peut la déléguer ou la garder.

S'il la délègue, pour un jour ou pour quatre ans,
pour une action, pour une affaire, ou s'il donne un
mandat général avec pleins pouvoirs, il est de toute
loyauté qu'il accepte tout ce que son mandataire dira,
pensera et fera pour lui, en ses lieux et place.

Mais s'il se réserve d'user lui-même de sa liberté,
s'il ne mandate personne, il a incontestablement le
droit que personne ne se mêle de ses affaires.

Il n'en est pas ainsi ; le même sort de servitude

attend celui qui vote et celui qui ne vote pas, l'électeur du candidat élu et l'électeur du blacboulé.

Il y a une injustice qui, comme toutes les injustices, est désagrégeante du corps social, c'est-à-dire contraire à l'intérêt commun.

Nous sommes par la force soumis au plus incohérent arbitraire. Ceux qui ont voté pour le candidat élu ne sont pas exemptés de cette servitude absurde.

Il n'est pas nécessaire d'avoir fait des études de droit pour savoir et comprendre que l'essence du mandat est d'être révocable, et de se terminer avec l'affaire qui l'a motivée ; ce sont là deux caractères qui manquent au mandat de député.

Pour comble le député, une fois nommé, n'est nullement tenu d'exécuter son mandat, non seulement il peut s'abstenir, mais encore faire exactement l'opposé. Votre mandataire, messieurs les électeurs, n'obéira qu'à son bon plaisir.

Si vous donnez vingt francs à votre bonne pour faire le marché et qu'elle en dispose pour se payer un chapeau à fleurs, vous la ferez condamner pour abus de confiance. Mais votre député peut abuser de votre confiance impunément. Ne réclamez pas, car le souverain que vous vous êtes donné veut bien être bon prince ; cependant, comme il dispose des lois, de la magistrature, de l'armée, il entend être respecté et obéi, votre bourse et votre vie sont à sa disposition. Les guerres coloniales, en attendant mieux, illustrent funèbrement la démonstration.

La tyrannie du gouvernement parlementaire dépasse en un point celle du monarque absolu. C'est qu'étant momentané, en France de quatre années, la prévision et la préoccupation de l'avenir ne viennent pas refréner les imprudents entraînements qu'engendre le présent ; et le « après moi le déluge, » ou le « ça durera bien autant que mon règne, » excusent et légitiment le plus extravagant arbitraire.

Sous quelque face que l'on examine la question de la souveraineté du peuple ou du suffrage universel, elle apparaît toute d'ironie féroce et de cynique mensonge.

Le suffrage n'est pas universel, puisqu'il comporte des exclusions nombreuses, des conditions d'âge, de sexe, de résidence, etc. ; quant à la souveraineté, remarquons que ,dans le peuple, il n'est pas un individu pleinement indépendant, et même s'il s'en trouvait, ce serait encore une dérision d'appeler souveraineté la permission qu'on lui donne, une fois tous les quatre ans, de voter ou de ne pas voter pour tel ou tel personnage.

Il délègue ses pouvoirs, dit-on ; mais quels pouvoirs ? il n'en a pas. — Mystère ? — non, mensonge. Mensonge encore de la part de ceux qui prétendent qu'étant données une majorité et une minorité, il est juste que cette dernière soit soumise à la première quand ce ne serait qu'en vertu du droit du plus fort, du droit du nombre.

Sans nous attarder à montrer le côté exécrable de cette doctrine, dévoilons au moins son hypocrisie. Dans le système parlementaire basé sur le suffrage universel, les lois sont toujours faites par la délégation d'une minorité.

1° Presque tous les députés sont élus, surtout s'il y a plus de deux candidats, par une majorité relative qui est une minorité véritable.

2° Une partie des représentants de la pseudo-majorité forment à la Chambre, une minorité qui ne participe pas à l'élaboration des lois et s'y oppose vainement.

Il en résulte que la très grande majorité des votants sont ceux qui ont voté ou pour un candidat blakboulé ou pour un membre de la minorité à la Chambre, et que les lois sont faites et le budget voté par les représentants de la minorité réelle des électeurs.

Ce qui n'empêche pas les tartufes de la politique de parler de l'opinion du pays, de la volonté du pays.

Il y en a peut-être une, mais ce n'est pas celle-là...

. . . .

LE « QUOS EGO... » DU CIPAL

L'Aurore a raconté, dans un écho, l'incident de couloir qui a eu lieu à une des représentations des *Tisserands* ; un garde municipal interdisant à des spectateurs de fredonner le refrain de la chanson du linceul pendant l'entr'acte.

Insignifiant en soi, l'incident indique cependant à quel point en sont arrivées et la bassesse de la foule et l'insolence de la soldatesque.

Il faut donner raison au cipal, il fut d'une modération dédaigneuse que je serais tenté de lui reprocher.

Qui l'empêchait d'obliger les fredonneurs à lui faire des excuses, pourquoi ne les a-t-il pas passés à tabac et emmenés en prison ? Seule, la haute mansuétude de ce brave garde a sauvé les chanteurs des coups et de la geôle.

Mais aussi, de quelle audace avaient fait preuve ces téméraires que la vue d'un képi eut dû rendre muets et humblement respectueux ; on peut penser, mais non dire :

> O nous dont le travail est joie,
> Avec nos fill's et nos garçons,
> C'est not' linceul que nous tissons.

Chacun est pénétré de la toute-puissance de l'autorité, fût-ce d'un simple soldat. Quand elle se manifeste même par un simple froncement de sourcil, le pékin le plus brave a la sensation du danger qu'il court, et ne recule devant aucune platitude pour ramener un sourire condescendant sur les lèvres de l'agent de l'autorité. Alors le libre citoyen se sent pardonné et respire à l'aise. Il en est cependant qui gardent au cœur une certaine petite haine très tenace, une rancune patiente qui n'attend que l'occasion de se satisfaire, et ne la ratent pas.

J'ai eu comme professeur un bon vieillard placide qui m'avait pris en affection et me fit confidence qu'il avait tué une dizaine d'hommes en un seul jour, le 28 juillet 1830.

Il avait, quelques années auparavant, été frappé d'un coup de hallebarde par un Suisse de la garde de Charles X, parce qu'il ne se rangeait pas assez vite sur le passage du roi.

Au premier souffle de la révolution de Juillet, il descendit dans la rue pour son compte et son fusil ne chôma point.

A quatre-vingts ans, en racontant les péripéties de sa vengeance, il frémissait encore de satisfaction. Combien firent comme lui ? Il y a toujours bien quelques centaines de cœurs orgueilleux dans les peuples les plus soumis.

Les historiens s'accordent à attribuer la défaite des Suisses, aux journées de juillet, à l'acharnement extraordinaire dont les combattants populaires firent preuve contre eux. Ceux qui eurent le temps de jeter leurs armes et les habits rouges qui les distinguaient échappèrent seuls à l'extermination.

Qui sait si les jeunes gens qui subirenl l'affront l'autre jour au Théâtre-Antoine et ne furent pas sans crainte, sont aujourd'hui sans haine ?

(*L'Aurore.*)

LE VOTANT

Le jour du vote, l'électeur, songeant à ce qu'il est se sent grand.

Au moment d'accomplir un des actes les plus sérieux de sa vie, il est juste qu'un orgueil austère l'envahisse ; la pensée creuse ses sillons sur son front lourd ; malgré le poids des réflexions, fier, il redresse la tête et marche d'un pas relevé.

Qui s'étonnera si la puissance quatriennale dont il est investi jette un peu de fièvre en son regard quand l'heure est venue de voter, et de bien voter ?

C'est un acte simple en apparence, mais combien viril et noble, d'écrire sur un carré de papier le nom du trésorier de sa confiance et de ses espérances, le porteur de ses volontés, de cet autre lui-même, son élu.

Suivant l'inclinaison qu'il lui plaira de donner à sa plume cet élu sera celui-ci ou celui-là ; son droit est absolu, son acte décisif, irréparable. — Et c'est dans l'imagination de notre héros, une défilé suprême de candidats et d'apparitions prestigieuses et séduc-

trices : sa conviction se forme, son choix se fixe ;
et d'une main pénétrée de l'étendue de sa responsabilité, l'électeur trace, en gros caractères, le nom du
premier farceur venu.

Dans les quelques lettres du nom triomphant qu'il
a eu l'énergie d'écrire, il a condensé ses sentiments
sociaux et son amour du juste, il a soutenu les opprimés, flétri les exploiteurs, châtié les corrompus, puri-
fié la société, amélioré l'humanité, préparé le meilleur
avenir et hâté le progrès.

En son âme et conscience, l'acte de souveraineté
qu'il vient d'accomplir lui semble grandiose ; comme
il comprend alors la gloire des héros qui se firent
tuer pour conquérir le suffrage universel et assurer
à chaque citoyen le libre exercice du droit de vote !
et ses lèvres dévotement murmurent pour les grands
aïeux des paroles d'admiration et de reconnaissance.

Il se demande ce que serait le citoyen s'il n'avait
pas, tous les quatre ans, le pouvoir de voter ? Rien.
moins que rien. Ecrire un nom sur un carré de papier
blanc, plier en quatre ledit papier et le mettre dans
une boîte baptisée « Urne » pour la circonstance,
voilà ce qui élève l'homme à la dignité de citoyen
et le citoyen à la noblesse de souverain.

Du haut de sa trinité : l'homme — citoyen — souverain, songe avec respect au mystérieux talisman qu'il
a confectionné.

Le cœur chaud d'enthousiasme, il va publiquement
déposer dans la boîte du comptoir électoral le bulletin secret et sacré. Pour éviter que dans son émotion
il ne laisse choir son suffrage, ô sacrilège ! en un

instant le sien lui est saisi des mains et vivement introduit dans la fente du couvercle, sans assez de cérémonie ; il eût voulu faire. lui-même le beau geste du votant. « L'électeur *Bonnegourde* a voté ! » clame une voix monotone, et *Bonnegourde* s'en va, mélancolique et triste comme un souverain déchu, abandonnant à regret son cher petit bulletin qui gît entr'ouvert, pêle-mêle, avec ses frères, dans le ventre de l'Urne.

Bonnegourde a rempli son devoir, il l'a fait sans défaillance, en homme d'honneur, il peut le dire et cela le console de la fatigue que lui causent les émotions éprouvées.

— Ami lecteur, si vous disiez à *Bonnegourde* qu'il vient de se mettre la corde au cou, qu'il vient de consentir à être bâillonné, ligoté, volé, battu ; qu'il vient de légitimer toute l'iniquité sociale, si vous faisiez comprendre à cet inconscient l'inutile absurdité de se placer sous un joug qu'on fabrique soi-même, vous lui rendriez un bon service, ami lecteur, à lui, à vous, à nous tous.

(*Libertaire*, 14-21 mars 1896.)

LES AVEUX

Comme tout le monde, je fus un peu étonné quand M. Bourgeois, capitulant devant ses adversaires vaincus, abandonna volontairement le Pouvoir.

Cela lui valut les plus amères paroles de ses amis déçus, et ses successeurs ne lui surent aucun gré. Il fut hué et raillé sur tous les modes, d'aucuns le traitèrent de Casimir radical ; mais injure n'est pas raison et l'abdication restait mystérieuse.

On mit bien en avant la Russie, cette *dea ex machina* de la politique française. Bourgeois s'en va : c'est la faute à Nicolas ! Or rien n'est moins sûr, M. Léon Bourgeois n'ayant nullement fermé notre bourse au déchard impérial qui nous doit déjà six ou 7 milliards, sans avoir pris ni Metz ni Paris.

Est-ce parce que F. Faure ne voulait plus l'inviter à dîner, ainsi que l'insinuent les gens bien informés ? cette excellente raison n'est peut-être pas encore la bonne.

Et le Sénat ! je l'omets intentionnellement, chacun

sait que notre héros s'en... mesurait comme d'une guigne trop mûre.

Aucun OEdipe ne nous dit pourquoi le Sphinx Bourgeois aspira à descendre ?

Aujourd'hui l'énigme si cruelle pour certains n'existe plus, le Sphinx a parlé.

Avec une simplicité antique, une grandeur d'âme toute romaine, le grand député de Châlons a foulé aux pieds les grandeurs parce qu'il les a jugées détestables, iniques et néfastes, parce qu'il a compris que gouverner c'est un crime de lèse-humanité, acculer les hommes à la haine et à l'avilissement, au suicide même, parce qu'il a senti qu'il y a autant de honte et plus de faute à être maître qu'à être esclave.

C'est au banquet de Saint-Mandé du 15 juin que M. Léon Bourgeois a fait cette importante déclaration. Recueillons ses paroles : « Je ne reconnais pas la supériorité de l'Etat comme ceux qui préconisent le collectivisme.

« Nous sommes, nous, des associés et je ne comprends pas que l'on puisse remettre à une puissance abstraite le pouvoir de régler seule les rapports entre les membres de la société, et je dis que ces rapports ne doivent être réglés que selon la conscience des intéressés.

« L'homme est fait pour vivre de lui-même, suivant sa conscience et sa raison, et il ne vaudrait pas la peine de vivre si la liberté de l'individu n'était pas respectée et sacrée. »

Sur ce, M. Bourgeois a porté un toast à l'avènement de la justice sociale.

Félicitons de sa conversion le ministre expulseur de Kropotkine.

(*Libertaire*, 27 juin 1896.)

DES CONSEQUENCES

Il est assez plaisant de voir ce que la pâle dèche,
dont les gardes qui veillent ne défendent plus les rois,
fait faire au páuvre empereur russe, Tzar Bélisaire ;
le voilà réduit aux compromissions, aux expédients,
aux mésalliances ; sortant des souverains authenti-
ques, empereurs d'Allemagne et d'Autriche, il lui
faut se fourvoyer dans la chambre garnie de Marianne !
Et pour comble, la bande des souteneurs qui l'ont
racolé ne lui cache pas qu'il est utile de prendre des
précautions. Déjà, depuis un mois, il n'est question
que de sa sécurité, de la manière dont il sera gardé ;
on arrête par ici, on expulse par là, on perquisi-
tionne partout, la police se remue, la sûreté se tré-
mousse, les gardiens de l'ordre sont sur les crocs.

L'amoureux transi ne manquera pas de se dire
en débarquant à Cherbourg : « On ne parle que de
ma mort, ici ! » Il n'en sera pas plus gai pour ça,
mais il marchera quand même : faut vivre !

Allons, Nicolas, tâche de faire subir à tes craintes
le même sentiment qu'à ta fierté : Assieds-toi dessus ;
dis-toi que qui ne risque rien n'a rien.

Il y a une certaine logique dans sa conduite et ses frères de la côte doivent le comprendre, mais on est en droit de se demander pourquoi nos bourgeoisons de gouvernement le gobent à ce point ?

La peur de l'Allemand est une bonne blague, hein ? Nos hommes d'affaires, nos maîtres, c'est une justice à leur rendre, se moquent d'être vainqueurs ou vaincus, attendu qu'on gagne autant à la baisse qu'à la hausse et que les milliards n'ont pas de patrie. Les veinards ! Nous savons tous, en France, que 1870 n'a fait de peine qu'à feu Déroulède.

Pourquoi donc nos banquiers-rois tiennent-ils au secours de ton armée, ô le plus décavé des tzars ?

Evidemment, ils espèrent s'en servir pour leur intérêt, mais... contre qui ? — Contre leurs ennemis, n'est-ce pas ? — Soit. Mais quels sont ces ennemis ?

Eh parbleu ce sont ceux contre lesquels s'alignèrent les fusils Lebel à Fourmies et contre qui ils refuseront peut-être prochainement de se diriger.

Russes et Français, ni vos maîtres ni les nôtres n'ont peur d'être détrônés par les Germains ou les Anglais, mais ils ont une sacrée frousse d'être flanqués bas par le peuple.

Ça et là, dans les troupeaux innombrables des malheureux, des souffrants, des affamés, luisent des regards fixes, inquiétants, dans lesquels se lisent des pensées de liberté et des désirs de bonheur : Princes, il vous faut un bruit d'armes nombreuses, des bruits de chaînes et des bruits d'or pour couvrir les sourds grondements de vos victimes.

Pour vous, les sentiments de ceux dont vous êtes

les bourreaux inutiles se résument et se condensent en haine.

Et c'est fatal ; la raison qui lie la cause à l'effet le veut ; vous n'êtes bons à rien et ne pensez que le mal ; vous êtes, gouvernants de ceux qui n'ont cure d'être gouvernés, des êtres parasites, des chancres, des vermines du corps social aux furieuses démangeaisons.

Vous avez constaté tout cela, empereur et bourgeois, et le commun péril vous a rapprochés, et de votre promiscuité est née une alliance policière.

Chez l'un, la nation épuisée ne saigne plus assez d'or et l'empereur tend son casque ; chez les autres, les premiers balbutiements de la conscience sociale révèlent des aspirations libertaires dont le geste réalisateur réduirait au sort humain les anormaux et monstrueux personnages dénommés politiques : on demande des Cosaques.

Un jour ou l'autre, on saura les bases du marché, devant lequel recula le peu scrupuleux ministère Bourgeois, et ce que tu promis, potentat barbare, au rempart du capitalisme, au doux Méline te livrant nos milliards ; on n'apprendra rien que d'épouvantable.

Allons, viens ! des centaines de milliers de Français t'attendent pour se ruer sous tes pieds : ils ne savent pas.

(*Libertaire*, 5 septembre 1896.)

PRESSENTIMENTS

M. Cadrut semblait dépouvu de son admirable
sang-froid ; lui, l'industriel audacieux, le grand bras-
seur d'affaires, l'homme supérieur enfin, se sentait
hésitant. Il fallait en finir, mordieu ! Il se jeta dans
son fauteuil et, énergiquement, appuya sur un des
nombreux boutons électriques qui garnissent un coin
de son bureau de maître.

Au commis qui surgit : « Faites venir Jean Costeau ! »

Jean Costeau était un de ses meilleurs mécaniciens,
un de ceux sur lesquels on croit pouvoir compter, et,
juste au moment de l'utiliser dans un poste de confiance, à l'essai délicat des machines nouvelles, on
apprenait que le gaillard sortait de prison, avait des
théories subversives, tout le diable et son train !

C'était regrettable, très regrettable, mais un patron
n'a qu'une chose à faire dans ce cas : congédier le
drôle.

Ce fut simple, mais où l'histoire se complique, c'est
que l'ex-détenu Jean Costeau n'avait pas accepté son

congé, sous prétexte qu'il aimait mieux travailler que voler ou tuer. C'était inouï, et pour comble, l'esclandre avait été presque publique ; contremaître, sous-directeur n'avaient rien pu faire entendre à l'entêté mécanicien qui avait tranquillement ordonné à ses chauffeurs d'allumer ; et ce matin la même scène avait recommencé.

C'était la rébellion qui, soudain, envahissait tout l'organisme de sa fabrique de machines, menaçant de paralyser la marche de ses affaires, de retarder les livraisons à l'Etat, de le laisser à la merci de ses concurrents.

Et M. Cadrut, commandeur de la Légion d'honneur, plusieurs fois millionnaire, le roi des fabricants de moteurs à vapeur, était mis en échec par un ancien forçat !

Il fallait en finir, mordieu ! Le coquin se faisait attendre, et la colère — ou l'émotion — agitait sur son fauteuil directorial le puissant personnage.

« Ah ! vous voilà enfin ! » En effet, Jean Costeau, la tête nue, entra d'un air ennuyé.

Nous ignorons encore ce que dirent les deux hommes ; nous traduirons certainement plus tard tout ce que nous aurons appris sur ce dialogue imprévu ; en attendant, nous pouvons vous raconter ce qui arriva dans la nuit qui suivit l'entrevue.

M. Cadrut rêva ; il rêva de Jean Costeau. Voici son rêve :

Un matin de printemps clair et joyeux, il se dirigeait, comme d'habitude, vers son usine ; elle était en pleine activité, ainsi qu'il convient à une usine laborieuse et disciplinée, et, de loin, son ronronnement régulier charmait ses oreilles.

A peine entré, il déchanta, dans la cour, trois ouvriers, dont la présence dénotait une répréhensible flânerie, semblaient l'attendre ; il allait passer sans s'arrêter, quand l'un d'eux, s'avançant, lui barra le passage et lui dit : « Nous n'avons plus besoin de vos services, votre secrétaire vous remplacera très bien, nous vous prions d'aller vous employer autre part. » Et on l'avait doucement mis dehors ; ses cris, ses menaces avaient éveillé des sourires de compassion qu'on accorde aux fous ; il avait dû s'éloigner et se diriger vers où ?... Vers la gendarmerie, parbleu !

Chemin faisant, il passa devant une caserne et aperçut les troubades en gaieté, qui dansaient autour d'un grand feu allumé en plein midi, au milieu de la cour ; ils alimentaient le feu avec des crosses de fusil ; aux portes, un trou béait à la place des serrures démontées ; il ne vit aucun gradé.

M. Cadrut eut de sombres pressentiments ; il comprit que ses craintes de troubles se réalisaient. Que trouverait-il à la gendarmerie ? Sans doute des voleurs et des assassins, ivres de vengeance et d'alcool ; en conséquence, il résolut de rentrer simplement chez lui ; et encore, retourner à son domicile, n'était-ce pas se livrer ? Il se vit arrêté, jeté en prison, assassiné !

Il en était là de ses réflexions, quand il fut entouré de gens mal vêtus, ressemblant à ses ouvriers, qui le poussèrent dans une vieille maison, puis dans une petite pièce où il se trouva assis devant Jean Costeau, son ingénieur Paul Watrin et son vieux caissier, des services duquel il s'était privé dernièrement, parce que le nombre des années et le travail du soir à la lumière avaient affaibli sa vue. M. Cadrut comprit que sa dernière heure était venue. Trop intelligent pour tenter une fuite désespérée, ou s'avilir en explications inutiles, il tenta une défense adroite, sur un ton paterne ; il fit appel aux bons sentiments de tout cœur humain.

Pourquoi lui en voulait-on ? Il avait toujours agi selon ses intérêts, c'est vrai ; mais pouvait-il faire autrement ?

Condamné à produire à outrance, et au meilleur marché possible, sous peine d'être vaincu par ses concurrents et de ne pas faire honneur à sa signature, il avait dû être sévère avec son personnel ; s'il avait été cruel, c'était bien à contre-cœur ; croyait-on qu'il n'était pas pénible à un homme sensible et juste comme lui de se montrer dur envers ceux-là même qu'il aimait ? Mais que faire, quand l'intérêt de la maison l'exigeait ? Etre humain eût été vouloir se ruiner, mettre sur le pavé ses six cents ouvriers ! Ah ! comme on avait tort de croire qu'il faisait toujours comme il voulait !

Jean Costeau, le premier, lui coupa la parole : « Nous ne te reprochons rien, lui dit-il, nous ne te jugeons pas. Tu n'es pour nous qu'un malheureux perverti par des habitudes autoritaires ; maintenant que nous n'en pouvons plus souffrir, nous n'avons pas de raison de te haïr. Malfaisant tant que tu as eu les moyens de nuire entre les mains, tu cesses de l'être

aujourd'hui. Tu croyais alors agir dans ton intérêt ;
ton même intérêt te commande maintenant d'être
l'ami des hommes ; tu t'en apercevras certainement
et toute l'activité que tu consacrais à la fortune de
la maison, tu l'emploieras à être utile à tous. Pourquoi aurions-nous la stupidité de te tuer ? Va et fais
ce que tu veux. »

M. Cadrut poussa alors un tel soupir de soulage-
ment qu'il se réveilla ; mais ses impressions de songe
ne s'effacèrent que lentement. Il se surprit parlant,
avec une prévenance inaccoutumée, à son valet de
chambre, et quand il sortit, sa première pensée fut
d'acheter *le Libertaire*.

(*Libertaire*, 10 décembre 1896.)

PARLOTTAGE PARLEMENTAIRE

Le 19 janvier eut lieu à Nice une conférence de Dejeante et Chauvière sur l'internationalisme. Elle fut écoutée et applaudie par environ huit cents auditeurs. Les orateurs auraient encore eu plus de succès s'ils avaient moins ménagé la chèvre et le chou, en bons députés qu'ils sont. « Nous voulons l'abolition de toutes les frontières, » ont-ils dit, « mais nous sommes des patriotes, » comme si l'existence des patries ne supposait pas la nécesité des frontières ; la contradiction est évidente ; les croire sincères serait les taxer d'imbécillité, les croire intelligents c'est les déclarer de mauvaise foi.

Ils ont montré plus de logique en parlant contre le cléricalisme ; c'était l'occasion de dire un mot sur le rétablissement de l'Inquisition en Espagne, ils s'en sont bien gardés.

Un membre des Chevaliers du Travail en Amérique, orateur moins expert, mais peut-être plus franc, est venu prêcher l'alliance des peuples et tonner contre le capitalisme international.

Nous eussions aimé lui entendre dire aux auditeurs naïfs et pour la plupart votards : « Cléricalisme, capitalisme, patrie sont sous des noms différents un seul et même ennemi, l'autorité. Que ces peuples songent à se débarrasser des gouvernements, et toutes les oppressions qui en découlent tomberont d'elles-mêmes ; que chacun de vous commence à se déclarer indépendant et révolté, qu'il cesse de se donner des maîtres, il aura moins de mal à ne pas servir et obéir ; tant qu'il y aura des députés il y aura des gouvernants, tant qu'il y aura des gouvernants il y aura des sujets, et de la force armée pour les faire marcher.

Pour supprimer l'autorité, il suffit de vous entendre pour ne plus la créer et vous serez des hommes libres, vous organisant vous-mêmes pour travailler, produire et consommer.

Qu'est-ce que le capitalisme, si la force armée, et ceux qui la font mouvoir, nommés par vous, ne sont plus là pour vous imposer son joug — l'or est un instrument d'échange, il n'a aucun pouvoir par lui-même, aucune fertilité. Groupez-vous librement, ville par ville, quartier par quartier, corporation par corporation, que les groupes s'entendent, s'associent sans distinction de langue ni de race ; et vous ferez ainsi vraiment de l'internationalisme et de l'alliance des peuples. Passez-vous des maîtres politiques, capitalistes et militaires, et prouvez que vous êtes d'âge et de raison à vous conduire et à vivre vous-mêmes. »

(*Libertaire*, 19 janvier 1897.)

L'EXPULSION

Toutes les opinions sont libres, sauf celles qui déplaisent à la douzaine de prétentieux crétins qui composent le gouvernement ; l'obligation de penser comme eux est tellement répugnante et dégradante que la révolte devient simplement une mesure d'hygiène morale et de salubrité intellectuelle. Nos braves conseillers municipaux l'ont senti et comme ce sont gens d'énergie, ils ont énergiquement interpellé le préfet de la Seine qui avait protégé toutes les libertés en ce qui concerne Tom Mann, sauf celles de parler ou de résider en France.

Le préfet qu'est pas méchant, s'est contenté de leur rire au nez. Il eut tort et on le lui fit bien remarquer, l'heure des viriles résolutions ayant sonné, le Conseil vota un ordre du jour de blâme. Du coup, le préfet effrayé, ne se permit qu'un long sourire. Bourgeois expulsa Kropotkine, Méline expulsa Tom Mann. Guesde expulsera aussi ceux qui ne seront pas de son avis le jour où il en aura le pouvoir ; ce sont tous gaillards de même farine, et nous n'aurons jamais que les libertés que nous prendrons, c'est entendu et cela est très bien, car il n' ya rien de pire qu'un bon maître ou qu'un tyran intelligent.

Considérée ainsi, l'expulsion de Tom Mann ne peut qu'éclairer tous les camarades de bonne foi et prédisposer aux idées libertaires même les plus réfractaires : Méline a bien mérité de l'Anarchie. — Il faut que ce pauvre homme soit supérieurement abruti pour espérer arrêter l'essor d'une idée en expulsant un individu ! quel raisonnement de gribouille !

Sa présence compromettait la sécurité publique, dit l'arrêté d'expulsion. C'était un mensonge, malheureusement.

Ce n'est pas la sécurité publique qui était compromise, c'était seulement le capital qui trouvait dangereuse pour lui la parole de Tom Mann. Nous aurions pu l'ignorer, maintenant la curiosité de bien des gens est tournée vers cet homme qu'on expulse. Il ne venait pas pour boxer Félix, réduire Méline en purée — il apportait une idée ; une idée qui répand la terreur dans le monde autoritaire ! — cette idée devient précieuse, elle est aussitôt signalée à l'attention, à l'étude de chacun ; l'acte de violence du ministère lui donne un prestige et une force de pénétration inattendus et ceux qui la craignent n'ont pas fini de trembler.

On n'expulse pas une idée.

(*Libertaire*, 26 mai 1897.)

POUR VIVRE

On se suicide beaucoup pendant la belle saison ; à l'invite à vivre que nous fait la nature, il y en a tant qui répondent par un *non-possumus* que le nombre des suicides ne peut étonner ; il est logique.

Pour vivre, il faut avoir une raison de vivre ; tant de gens n'en ont aucune qu'on se demande comment il se fait qu'ils persistent.

Pourquoi tourner les pages quand on ne sait pas lire, ou pourquoi les lire quand elles sont couvertes de mensonges et d'inepties ? La vie que la société bourgeoise permet à ses sujets, ne vaut certes pas la peine d'être vécue, elle en a détruit l'attrait et la douceur, car les fleurs n'éclosent pas à l'ombre de l'autorité.

Montrez-nous un homme heureux de vivre ? Pas plus que la lanterne de Diogène, les lampes électriques ne nous le feront voir. On verra des inconscients qui vont broutant les pâturages de l'existence sans lever les yeux.

On verra des ignorants qui, se fiant naïvement aux

inscriptions des poteaux indicateurs, s'époumonnent en vain sur la route dite du bonheur.

On verra des sceptiques qui disent : « A quoi bon ! » et qui ont la volonté de sortir de cette vie-là comme la joie d'être.

La réalité et le présent rebutent : les uns se réfugient dans le rêve, les autres dans le néant, la majorité fait contre fortune bon cœur et avale la vie comme on mangerait un crapaud, non sans attendre mieux, sans espérer le meilleur demain.

Restent ceux qui trouvent qu'ils ont assez attendu et qui ont la volointé de sortir de cette vie là comme on sort d'une prison ; ils s'évadent par la mort, ils ignorent l'autre porte qui s'appelle Révolte. En face de la mort, le suicide physique est plus courageux que le suicide moral ; de toutes les façons de renoncer à la vie, la résignation est la plus lâche.

Abdiquer sa volonté, étouffer ses désirs, masquer son visage, tuer ses aspirations, se bâillonner soi-même, faire de son cerveau une cire molle, de sa personnalité un tapis, devenir outil ou rouage, n'être plus soi, être sa négation, ne pas vivre, s'user ; c'est un suicide plus lent que le réchaud ou la noyade ; asphyxie pour asphyxie, la plus courte est préférable.

La vie n'est pas qu'une addition de jours et on risque de se tromper en la confondant avec l'existence.

La société bourgeoise ne nous laisse cette dernière qu'en entravant l'autre, c'est-à-dire la libre expansion de nos sentiments et de notre activité selon la loi d'amour qui meut tout ce qui vit.

Vivre peut se résumer agir pour ce qu'on aime.

Quand on n'a plus de raison pour agir, on en a pour mourir.

L'avare vit pour son or, l'amant pour sa compagne, le père pour ses enfants, le savant pour la science, le penseur, l'artiste pour son idéal, etc.; la passion est ce qui nous anime, fait battre le cœur, vibrer les nerfs. Sans elle nous sommes des organismes végétant. Celui qui ne désire rien, n'aspire à rien, n'espère rien, est défunt avant sa mort.

Or les désirs, les espoirs, les aspirations des individus sont combattus, meurtris ou tués par l'autorité du gouvernement, du capitalisme ou des religions et autres préjugés. Toute privation de liberté a pour synonyme, en jargon ecclésiastique, *mortification*, toujours le *perinde ac cadaver*.

Il est toujours temps pour chacun de choisir entre la mort lente ou rapide qu'impose la société bourgeoise et la révolte, qui désengourdit le cœur et l'esprit et nous fait vivre enfin. Laissons germer et grandir nos sentiments et nos haines, cultivons nos passions autant que nous le permet l'ankylose de nos forces ataviquement anémiées. Les peines, les douleurs, les souffrances ne nous manqueront pas, mais les joies non plus ; quant à la tranquillité, au calme, à la paix, nous aurons le temps d'y goûter dans la tombe.

La passion engendre le désir de souffrir pour l'objet aimé, sans que cela soit extraordinaire, la moindre joie morale compensant largement les privations et maux matériels.

Evidemment celui qui place le mieux son affection est encore celui qui aime une idée ; il goûte cette joie pure et perpétuelle, cette félicité de la vie supérieure dont un seul moment de paroxysme tient condensés tous les petits bonheurs d'une longue existence phy-sique.

Mais vous comprenez quel désordre, quelle anar-chie ce serait, si tout le monde voulait vivre sa vie pleinement, sans frein ; il n'y aurait plus de gouver-nement possible, ce qui, comme Méline l'assure, serait le plus grand des malheurs. Il faut éviter ça, n'est-ce pas ?

En attendant, ceux qui ne sont pas contents peuvent sortir... les pieds devant.

(*Libertaire*, 16 juillet 1897.)

LE CHAUVINISME ANTISEMITE

Il n'y a point de comparaison à établir entre les
religions, elles sont toutes puériles et mensongères,
faiblesses mentales dont la science nécessairement
guérira l'humanité. Nous devons la même pitié et le
même traitement au christianisme et au judaïsme, à
tous les anthropophagismes, à tous les déismes. Quelle
différence peut-on faire entre le sultan, le pape et
le tzar ? tous trois chefs de religion, tous trois tyrans
torturiers et meurtriers, leurs noms sont évocateurs
de supplices, de sang et d'horreur ; partout où l'on
croit à un dieu on commet des crimes en son nom et
l'homme est martyr.

Il est un autre trait de ressemblance entre toutes les
religions, c'est qu'elles se haïssent les unes les autres, mortellement : elles sont la cause directe des
plus grands et des plus féroces massacres de peuples.

Dans la campagne antisémite actuelle, au milieu
des excitations à la haine et à la mort des Juifs, il
appartient aux libertaires de réfléchir et de dire hautement leur pensée.

Ne reconnaissant ni religion ni patrie, nous n'excluons de l'humanité aucun homme.

Sans nier les germes ataviques, nous savons que le milieu les annule ou les exalte. La révolution actuelle prépare des hommes aptes à la vie sociale, l'usage de la liberté pacifiera les caractères.

Nous rendons l'autorité responsable de tout ce qu'il y a d'antisocial en chaque individu ; l'autorité doit être pour nous l'adversaire unique.

Les cléricaux habiles n'ignorent pas les haines sociales que leur barbarie, leur injustice ont suscitées et accumulées ; la bourgeoisie, songeant au sort de la noblesse, il y a cent ans, se sent en péril. Prudemment les uns et les autres s'efforcent de charger les Juifs de leur propre crime.

Le pouvoir de l'argent, à les entendre, ne serait malfaisant et inhumain que quand cet argent est entre les mains des circoncis.

Il n'y a que les Juifs riches qui exploitent les pauvres et tirent leur bonheur du malheur des laborieux, s'il n'y avait pas de Juifs, la misère n'existerait pas.

Le rêve des Drumont est de faire du Juif le bouc émissaire ; ils appellent sur les synagogues les effets de la colère populaire pour sauver les coffres-forts que surmonte une croix.

En montrant au peuple un faux ennemi ils lui masquent le vrai, qui est le capitalisme.

Ce qui se passe en Autriche, et plus récemment en Algérie, prouve que les chrétiens ont excité les esprits et armé les bras contre leurs concurrents juifs ; ils veulent avoir le monopole de l'exploitation.

Admettons que la propagande antisémite gagne du terrain et amène des troubles et des émeutes, supposons les Juifs égorgés, bannis, ruinés. — Il est certain que les curés, financiers et dévots ne regretteront pas leur argent, mais que rapportera au peuple le triomphe du catholicisme ? L'inquisition !

A l'oppression économique s'ajoutera l'oppression intellectuelle.

Nous n'avons aucun doute à avoir à ce sujet.

Le triomphe des Juifs nous serait moins dur, car ils n'ont pas le vice de l'autorité aussi prononcé que les cléricaux et la cruauté est moins dans leurs mœurs. Leur religion est stupide, elle ne fait de mal qu'à ceux qui la pratiquent.

Ils peuvent tenir de leurs ancêtres des mœurs d'opprimés : la défiance, la ruse, la dissimulation, l'avarice ont été longtemps leurs armes, s'il leur en reste quelque chose, cela prouve qu'ils en ont encore besoin dans la société actuelle et ils ne sont pas les seuls à s'en servir.

Il importe que les forces révolutionnaires ne soient pas déviées de leur véritable but ; il est étonnant que les Juifs eux-mêmes ne soient pas les premiers à le comprendre.

Les Israélites ont souvent été persécutés, massacrés ; — vingt siècles d'histoire ne mentionnent pas une révolte.

Ne cherchons pas dans le passé le pourquoi de cette passivité ; actuellement, elle est maladroite. Des hypocrites les déclarent responsables de tout le mal social.

Ils se justifieraient en répondant au peuple qu'on dresse à les haïr : « Nous ne sommes pas les auteurs de tes maux et pour te le prouver, nous allons chercher et combattre avec toi les causes de ta souffrance. »

Le chauvinisme antisémite perdrait peut-être alors la majeure partie de ses adeptes.

Cette attitude aurait deux résultats : déjouer les manœuvres des défenseurs de l'autel de la propriété et en même temps nous aider à saper la base du malheur universel, l'autorité.

(*Libertaire*, 24-31 octobre 1897.)

LE LAITIER

Dans le haut de la vallée, là où les maisons s'espacent sur les pentes rustiques, habite un homme gai et tranquille. Tant que le soleil ne descend pas sur les montagnes de l'Ouest, il se repose, dort, rêve ou pense, assis sur le parapet de la route, dont les lacets serpentent au loin parmi les champs et les villages, jusqu'à la ville.

La ville, c'est cette tache grise qui se voile d'une buée trouble, là-bas, vers l'horizon violet ; notre homme la connaît bien, elle reçoit chaque nuit sa visite, mais il ne l'aime pas.

Son œil, habitué à voir largement le ciel et la terre, déteste la perspective canalisée des rues, et son nez délicat préfère au relent croupi des lourdes bâtisses surpeuplées et des trottoirs asphaltés, le frais parfum des trèfles et la senteur résineuse des sapins. Les plus riches devantures impressionnent bien peu ce rustre qui regarde avec plaisir le torse robuste et les bras noueux de ses arbres familiers.

Cette vieille et vaste agglomération de maisons antiquement connue dans tout l'univers et où pullulent tant de milliers de rats humains semble au paysan montagnard un désert de pierres, de boue et de poussière ; poussière des choses et des hommes dont les égouts monstrueux ne peuvent suffire à purger le sol partout cuirassé de ciment, de bitume et de pavés.

Ce sol, qui ne demanderait qu'à verdoyer et fleurir, mais qui, asphyxié et aveuglé, ne peut que pourrir, ce sol, l'homme des hauteurs rêve parfois de le délivrer, de le faire respirer au soleil ! Ah ! comme la nature vaincue et meurtrie prendrait vite sa revanche et bellement purifierait de sa fraîche et verte haleine ce séjour empesté d'une civilisation barbare.

Il comprend alors la beauté des ruines. Par imagination, il circule dans la forêt surgie des décombres de la grande ville : là fut la caserne ; les nombreuses fenêtres dont une main négligea d'abattre les étalages servent de colombiers aux tourterelles et aux ramiers ; dans les coins humides, les ronces arrondissent leurs arceaux enchevêtrés et les cours sont des prés où les lapins cabriolent.

Non loin, là, où la prison érigeait la tristesse de sa formidable construction, il ne reste pas un pan de mur pour s'asseoir ; les mauves, les fougères, la mousse recouvrent à jamais l'endroit où l'on ne gémit plus.

Voici de grands escaliers de marbre qui ne conduisent nulle part ; autrefois, ils menaient à des salles obscures revêtues de boiseries brunies où des humains affublés de robes noires s'évertuaient à punir leurs frères misérables ; les coudriers, les acacias, les platanes ont crevé les plafonds et passent leurs têtes à travers les baies et les portes, et les merles se battent avec les pies sur les ais vermoulus du tribunal.

Où donc était la Bourse, la Préfecture, les manufactures ? Il faudrait, pour les retrouver, abattre ces hautes futaies et percer ces fourrés d'aubépine ; mieux vaut suivre les anciens boulevards, les grandes avenues où l'allée des arbres étiques, splendidement métamorphosée, forme un long tunnel de verdure.

Le dôme des frondaisons remplace la coupole dorée des Instituts, asile séculaire de l'erreur glorifiée.

Une grotte spacieuse et élevée, toute tapissée de capillaires et de lichens, offre aux visiteurs la fraîcheur et le silence. Que la sonorité grave de son pas sur les dalles ne l'étonne point, il est dans la cathédrale. L'esprit affranchi des fadeurs mièvres du merveilleux ou de la terreur enfantine des dogmes mystérieux goûte la poésie des pâles rayons de jour qui tombent des percées ogivales, dont les vitraux ont fait place au lacis naturel des branches et des feuilles. Çà et là des vestiges des idoles de pierre et de plâtre éveillent encore le souvenir de l'avilissement de l'humanité : l'œil distingue dans la pénombre la tête moisie d'une femme larmoyante ; un gros bébé tient le globe terrestre dans sa menotte ; un moulage bariolé représente un homme qui porte son cœur sanglant sur sa poitrine, un autre ramasse sa tête coupée, une main percée de clous se tend vers on ne sait où ; dans les coins de jeunes garçons-oiseaux sont agenouillés, les mains jointes, suppliantes, et les yeux révulsés :

on s'éloigne sans regret de ce charnier, et l'on regagne avec plaisir la ville nouvelle, bien exposée, largement tracée, harmonieusement bâtie, qui anime les collines voisines et groupe sans entassement les monuments dont l'utilité même a inspiré la beauté architecturale.

*
* *

Le paysan, souriant à la vision, chante ainsi le réveil et le triomphe de la chère nature, tandis que les herbes ondulent et que toute la montagne tressaille sous la brise du soir.

Déjà l'ombre des arbres s'allonge dans les prés, le soleil est à la hauteur des monts, le beuglement des vaches avertit que l'heure de les traire est proche ; le rêveur n'oublie pas qu'il est laitier et que les citadins comptent sur lui pour boire à leur réveil le liquide vivant qui rafraîchira leur sang fatigué et vivifiera leur pâle existence.

« Allons la femme, allons les mioches ! Apportez les grand seaux de fer-blanc, remplissons-les aux fécondes mamelles des bonnes bêtes qui se sont régalées tout le jour dans l'herbage. »

Les vaches dociles s'approchent et présentent leurs flancs aux mains accoutumées à les soulager de leur lait.

A petits pas, lourds et prudents, les enfants portent à la ferme des seaux débordant de mousse blanche.

Demain, à l'heure fraîche de l'aube, quand l'Orient, pâli, annonce l'approche du soleil, le laitier attelle sa mule, charge sur la charrette les grands pots de

lait bien clos, et assis sur le brancard, s'éloigne allè-
grement.

Trouvera-t-il la ville en agonie, sa population déli-
vrée, prenant largement sa part de lumière et d'air,
peuplant la campagne de gaies villas selon le goût de
chacun ? Quand donc commencera la réalisation de
sa vision superbe, le grand règne de la nature !
parmi les êtres et les choses ; on sait ce qu'il faut
aux bestiaux, aux plantes, aux terrains, et on le leur
donne.

L'idée viendra bien aux hommes de prendre soin
d'eux-mêmes et de se débarrasser de ce qui les gêne.

Le jour naissant précise déjà la couleur et la forme
des objets, la rivière miroite, la plaine commence là,
les peupliers frissonnent au vent et l'un après l'autre
s'inclinent vers le passant.

De loin en loin, des cahutes de paysans à demi
cachées par la verdure des haies semblent compléter
l'aspect des champs comme les meules et les arbres.

Mais voici au tournant de la route, le gibet du Cru-
cifié, haussé sur un piédestal, et dans l'air gris se
dessine sinistrement sa ferraille rouillée.

L'harmonie générale, l'ensemble de vie est détruit ;
l'hétérogène, l'arbitraire, le factice, l'anormal, le mensonge, la mort a surgi.

Pourquoi le laitier qui, d'ordinaire, passe son
chemin avec insouciance, fait-il attention à sa rencontre ? Il lui semble qu'aujourd'hui le calvaire a
un air d'insolence, il jurerait que le Christ ricane, la
tête et les épaules sont penchées en avant comme pour
lui crier plus fortement au passage :

« Ceux dont tu rêves l'élargissement, je les ai atta-
chés tous à ma croix ; ils ne peuvent plus marcher,
j'ai cloué leurs pieds, leurs genoux fléchissent ; ils ne
peuvent plus étreindre, j'ai cloué leurs mains et tordu
leurs bras ; leur bouche altérée est aussi impuissante
pour le baiser que pour la morsure ; j'ai pressé sur
leurs lèvres l'éponge trempée de fiel et de vinaigre,
et je les ai couronnés de ronces et d'épines pour leur
faire baisser la tête éternellement !

« Et pour tout cela, ils m'ont glorifié ; leur voix
n'a trouvé d'accent que pour me dire leur reconnaissance et leurs oreilles se refusent à entendre le déni-
grement de mon œuvre.

« Ils m'obéissent tous comme des cadavres, clama-
t-il au laitier déjà éloigné, comme des cadavres, tous
et toi-même ! »

Oui, moi-même ! pensa le laitier, mais pourquoi
suis-je comme un cadavre ?

Et il comprit que la résurrection était en lui.

Il crut avoir perdu du temps et, crainte de retard,
pressa sa mule, mais il arriva dans les faubourgs alors
que rien ne remuait encore ; il fut le premier bruit du
matin dans les rues.

Il s'arrêta de porte en porte, entra dans les corri-
dors sombres, monta les escaliers de ténèbres, et,
de palier en palier, le laitier réveilla les gens de la
ville et leur versa le vivant liquide qu'ils burent à
longs traits.

« Vous boirez en vain, tous les jours, le lait pur
de mes vaches et vous respirerez un air empesté tant
que vous n'aurez pas enterré le mort ! »

Les uns n'entendaient pas ou ne voulaient pas répondre.

« De qui parlez-vous ? lui demandaient d'autres. « Des crucifiés que vous êtes ! » répliquait-il.

Le laitier de la montagne ne versa plus son lait sans faire sentir aux ouvriers de la ville, la tristesse de leur existence sépulcrale et leur parler, lui aussi, d'une autre vie.

Et, à sa voix, plusieurs sortirent de leur tombeau.

(*Libertaire*, 13 novembre 1897.)

PENSEES ANARCHISTES

Dans la chambre où j'étais entré, il y avait quelques
hommes réunis et qui parlaient entre eux.

Sur une table chargée de papiers et de brochures
une lampe les éclairait, ils avaient des traits calmes
et paisibles, les uns fumaient, les autres, immobiles,
s'absorbaient dans le plaisir de la réflexion.

C'était d'eux-mêmes qu'ils s'entretenaient, mais je
vis tout de suite qu'ils n'étaient pas des gens comme
il faut, car ils ne se souciaient pas de leur personnalités, je ne les entendis jamais dire *je* ou *moi*.
J'appris bientôt que j'écoutais des anarchistes.

Afin de vous donner un aperçu de la conversation,
j'ai noté ces bribes-ci :

« Ne faire que ce que l'on veut, c'est-à-dire ce que
l'on juge être bien, ce que l'on trouve beau, voilà notre
morale, n'est-ce pas ? Nous ne pouvons y manquer
sans avoir honte et nous mépriser.

— C'est une grande souffrance que de vivre en se
méprisant soi-même.

— Oui, c'est à mon avis le vrai sens du mot
remords.

— Je crois avoir exprimé le sentiment de tout compagnon, reprit le premier. Eh bien ! chaque jour, nous sommes obligés de faillir à notre morale, de manquer à notre idéal !

— Cette nécessité que nous impose la société actuelle n'est pas un de ses moindres crimes.

— Dans la proportion où nous soutenons la société, nous nous faisons les complices de ses infamies...

— Certes, puisque en gagnant l'argent de notre pain par le travail salarié, nous contribuons à la richesse des riches.

Et comme tout ce qui est utile à la vie est imposé, en achetant nos subsistances, nous payons l'impôt dont elles sont grevées, et contribuons ainsi à la puissance de l'Etat.

— Pour manger, nous sommes dans l'obligation de donner une partie de nos forces à la société ; mais, de toutes les forces qui nous restent, nous la combattons et la détruisons.

— Nous vivons dans la contradiction. Nous n'avons pas la force d'être complètement anarchistes.

— Pour avoir cette force, peut-être faudrait-il être riche ?

— Il n'y a pas d'anarchiste riche.

— L'anarchiste est pauvre : on ferait plus facilement d'une taupe un oiseau que d'un riche un anarchiste.

— Il faut être pauvre pour être libre de cœur et d'esprit.

— Le riche est l'esclave de ceux dont dépend la

stabilité de sa fortune, il est en butte à l'envie des uns, aux projets exploiteurs des autres, enfin, il est coupable d'injustice et d'inégalité — s'il était anarchiste, il rougirait de lui-même et se haïrait.

— Il se détruirait.

— D'ailleurs, comment serait-il riche ? Le fait de s'enrichir n'a pas de valeur morale et n'exige pas de grands sentiments. Pour s'enrichir, il faut enlever à autrui une partie de son travail ; celui qui s'enrichit tend à prélever le plus possible sur le produit du travail de ses égaux, et cela par force, tel le vol à main armée : il ne dit pas au travailleur : « La bourse ou la vie ! » mais : « Donne-moi les trois dixièmes de ce que tu produis, ou meurs de faim. »

— Une fois riche, l'individu n'en continue pas moins ses vols, car l'intérêt de son argent est aussi un produit du travail humain. Or ce travail, bien entendu, n'est pas le sien.

— Une nation où l'on s'enrichit est une nation où l'on souffre. — Plus il y a de grandes fortunes, plus il y a de misère.

— Oui, car qui dit riches dit misérables ; comme qui dit maîtres dit esclaves.

— Ce n'est plus au seigneur que nous payons dîme, corvée ; mais au rentier.

— Et cela est inutile comme toute injustice, car la richesse n'est pas nécessaire à l'homme.

— A moins qu'elle ne lui permette l'exclusif développement de ses facultés supérieures.

— Vous parlez d'une exception, car la richesse

favorise les bas appétits et n'a aucune influence sur les autres.

— L'enfant riche ne sait pas vouloir ; il sait désirer ce qui s'achète.

— Il est voué à l'oisiveté, car on lui apprend qu'être riche est synonyme de ne rien faire ; qu'il est fier et noble de payer et que cela seul est digne de lui.

— Il est élevé dans l'erreur avec soin, et n'entend que des paroles hypocrites de la bouche de ceux qui l'approchent.

— La fortune des riches leur crée l'obligation de la dépenser, ils se forgent tant de besoins matériels qu'ils s'emploient uniquement à leur donner satisfaction ; murés dans leur or, ils n'ont point d'idéal où penser.

— Ils sont comme certains ouvriers dont la besogne, au jour le jour, est si absorbante qu'ils ne pensent pas au lendemain.

— Le temps passe et ils ne savent pas pourquoi.

— Ils n'espèrent rien.

— Leur vie est rétrécie dans le présent où leur activité tourne en cercle.

— Notre activité a d'autres mobiles, voilà pourquoi il n'y a pas et n'y aura jamais de riches parmi nous, sauf de monstrueuses exceptions.

— Non seulement pour être anarchiste, il ne faut pas être riche, mais il faut être exploité, quelqu'un l'a dit tout à l'heure.

— Il y en a qui cherchent à ne pas être exploités, ou, tout au moins, à l'être le moins possible...

Ils ont raison.

Mais cela les conduit quelquefois à exploiter autrui, c'est-à-dire à faire comme ceux qu'ils condamnent.

— En principe, nous ne devrions jamais commettre un acte d'appropriation ou d'exploitation ; mais nous ne pouvons pas vivre comme nous le voulons.

— Nous sommes en lutte contre l'organisation établie, nous ne pouvons agir comme si nous étions en pleine paix et en anarchie.

— Le principal est de bien employer nos forces et nos moyens.

— Et c'est pourquoi voler est louable si le compagnon ne garde rien pour lui et donne tout à ceux qui en ont le plus besoin. — C'est justice et c'est humain.

— S'il ne vole que pour lui, il fait un acte bourgeois et patronal, il n'est plus anarchiste.

— Certes ; mais le meilleur de nous ne l'est pas toujours.

— Comment ne serait-on ni exploité, ni exploiteur, ni volé, ni voleur, dans une société dont tous les membres sont à la fois l'un et l'autre ?

— La vie de l'anarchiste est une lutte continuelle, toutes les compromissions sont des défaites, il en est d'irréparables ; mais le plus souvent, une défaite de cette sorte, subie dans un moment de défaillance, devient pour nous, au réveil de notre énergie, un souvenir odieux dont la mémoire augmente notre ardeur et fortifie notre haine.

— On ne peut toujours être debout, les moments de lassitude sont inévitables.

— Il ne faut pas fragmenter notre vie pour la juger,

mais en voir l'ensemble ; comparez-la à la lâcheté de nos ennemis innombrables.

— Ils veulent combattre les vérités que nous incarnons et s'imaginent réussir en nous incarcérant, en nous traquant, en nous affamant ; mais qui de nous est prêt à déserter la cause pour un morceau de pain assuré, à abjurer notre idée pour se sauver des persécutions ? Personne, sauf celui qui n'est nôtre que de nom.

— Celui dont l'esprit est capable d'intelligence et le cœur capable d'amour, ne peut pas ne pas croire ce qu'il comprend, ou haïr ce qu'il aime.

— C'est le secret de notre puissance de résistance et d'action, le gage de notre triomphe final.

— Nous avons mis notre bonheur dans l'avenir et sa préjouissance nous suffit, car elle est réelle ; l'avenir n'est pas une chose qui n'existe pas, nous le construisons.

— Ceux qui ne vivent que dans ce présent qui tombe en ruine ne sont pas à envier ; ils accepteront l'avenir tel que nous l'aurons fait quand il sera venu ; et il sera peut-être alors moins beau qu'il n'est maintenant.

JEUNES GENS

N'êtes-vous pas las d'entendre sans cesse prôner
de vieilles idées desséchées, pour lesquelles vos jeunes
cœurs ne peuvent ressentir ni amour ni respect ?

Vos maîtres moroses vous gavent par ordre d'une
nourriture fade qui, instinctivement, vous répugne.

Les mots vides, les phrases creuses des politiciens
ne vous satisfont pas davantage, la politique n'admettant ni la sincérité ni l'honnêteté.

Votre vitalité florissante aspire à d'autres modes de
penser et de vivre.

Les préjugés n'ont pas encore ankylosé votre intelligence.

Les résignations lâches n'ont pas encore brisé votre
volonté.

Avant d'être domestiqués, vous tenez à savoir si la
vie n'a pas d'autre idéal que l'argent et l'obéissance,
et vous n'entendez vanter que la richesse et l'esclavage.

Avouez que vous ne pouvez vous empêcher de jeter
vos regards au-delà et plus haut.

Aristote, Epicure, Lucrèce, Rabelais, Leibnitz, Spinosa, J.-J. Rousseau, Diderot, Voltaire, Proudhon, Bakounine, Tolstoï, etc., ont cependant pensé et écrit : mais ceux qui croient avoir intérêt à vous tenir en laisse et en perpétuelle tutelle ont déclaré les idées de ces philosophes subversives et les ont voilées pour que la vérité n'offensât pas vos chastes yeux.

Ils vous ont permis de connaître et appliquer les conclusions de toutes les sciences, sauf celles de la science sociale.

Eh bien ! cette science, qui s'est contituée malgré la violence et les persécutions, sera quand même divulguée et ses impératives vérités ne pourront plus être niées.

Oui, elle est la négation de toute religion.

Elle est l'abolition de toute autorité :

Parce que la religion, c'est l'erreur,

Parce que l'autorité, c'est le mal.

La foi et l'obéissance nécessitent le suicide de la raison.

Servez-vous de votre raison, éclairez-vous vous-mêmes, forgez vous-mêmes votre croyance selon le bien, et vous goûterez alors cette satisfaction intime d'être soi, qui donne la force et la joie de vivre.

Avez-vous assisté aux deux premières conférences de SEBASTIEN FAURE ? Si oui, n'avez-vous pas été impressionné par la grandeur et la force de cette philosophie anarchiste dont il développe si éloquemment les données ?

SEBASTIEN FAURE doit faire ce soir, lundi, au Théâtre du Cirque, sa dernière conférence. Il nous initiera à cette vie intense, épanouie, féconde, que connaîtront les générations libres de l'avenir.

Venez à cette conférence. Vous en sortirez remués, transformés. Vous comprendrez alors les causes profondes de la douleur universelle, les incomparables bienfaits de la liberté intégrale et vous aurez à cœur ensuite, de collaborer activement au triomphe de l'individu aujourd'hui mutilé par la contrainte sociale.

(*L. M.* 1898.)

LE CRIME CHINOIS

Ils vont bien, les grands voleurs !

C'est des gouvernements qu'il s'agit.

Ils ont trouvé un pante sérieux, et chacun de faire son chopin ; inutile d'ajouter que s'il y a du ressaut on tirera les lingues, les grands surineurs se pourlèchent d'avance les babines, les jours de gloire sont proches.

Bien qu'il soit un peu tard, les événements vont si vite, je veux parler des événements de Chine : il paraît que l'heure est venue de se partager le Magot : les grandes puissances se ruent à la curée.

L'Empire Chinois avait bien résisté aux généraux et amiraux de la France, mais ça ne prouvait rien ; il suffit au petit Japon de vouloir aller à Pékin pour que l'Europe se rendît compte de la non-valeur militaire du colosse asiatique.

Allait-on laisser le Japon croquer à belles dents un tel morceau ? Que nenni ! France, Russie, Allemagne, Angleterre ne pouvaient tolérer une injustice si grande : on le lui fit bien voir ; il dut lâcher sa proie pour satisfaire l'Europe.

Il était clair désormais que là était le coup à faire.

C'est l'Allemagne qui s'est décidée la première ; avec une stratégie digne de celle du père François, elle s'est emparée en pleine paix et par surprise de l'un des ports les plus commodes de l'Empire Céleste, puis l'empereur d'Allemagne a présidé lui-même au départ d'une flotte qu'il envoie au secours de ses braves escarpes, sous le commandement du prince Henri, son frère.

Sur ce, la Russie notre sœur, qui avait déjà prié les Japonais de lui céder leur place en Corée, vient de s'apercevoir que sa flotte serait très à l'aise à Port-Arthur et que ses matelots y trouveraient une température plus douce .

Les journaux bien pensants enregistrent sérieusement les communications rocambolesques de la diplomatie.

Naturellement, l'Angleterre a des traditions de piraterie qui lui font un devoir d'intervenir ; le Japon la trouve mauvaise, et les Etats-Unis piochent la doctrine à tiroirs de Monroë.

Et la France ?

— Et nous ? comme disent les patriotes.

« L'immense partage du magot chinois va s'opérer sans que nous en profitions. Avoir dépensé vingt milliards pour son armée, 5 milliards pour sa flotte et avoir acclamé l'alliance russe avec délire pour en ariver là, c'est roide ! » Pleure, Paul de Cassagnac.

Vous comprenez qu'il ne faut pas que ça se passe comme ça : Un vol à main armée se commet, l'honneur de la patrie exige qu'elle y prenne part ; là où est le crime, là est le devoir.

Reste à savoir si les peuples en général, et le peuple français en particulier, seront toujours prêts à se faire tuer et hacher pour l'intérêt des gouvernements et l'honneur de rien du tout.

Il est probable que le peuple chinois se désintéressera des mésaventures qui peuvent arriver à ses mandarins ; ceux-ci l'ont opprimé et exploité tant qu'ils ont pu ; les Allemands ni les Russes ne peuvent faire pis : il n'y a qu'une différence d'uniforme. Les envahisseurs ne trouveront contre eux que le climat et les bandes mercenaires.

Que n'en sommes-nous au point des Chinois ? Quand comprendrons-nous la bonne morale de La Fontaine : « Notre ennemi, c'est notre maître., »

Quand aurons-nous seulement la loyauté, la probité de ne pas commettre brigandages et crimes sur un signe de nos ministres salariés ? Quand en aurons-nous assez d'envoyer au carnage, à la mort inutile et honteuse la fleur de l'humanité, les jeunes forces qui manqueront à l'avenir ?

Il y a eu des résistances populaires au départ des recrues pour l'Erythrée, pour Cuba, — et les gouvernements italiens et espagnols, terrorisés, firent cesser les boucheries coloniales.

Rappelez-vous, au contraire, les répugnantes ovations qui saluèrent les troupes de l'expédition de Madagascar ; du même genre sont les applaudissements qui saluent, à l'aube, la chute du couperet de la guillotine sur le cou de quelque miséreux.

De ceux qui sont allés chez les Hovas, il en est resté un sur trois.

Citons l'extrait d'un rapport de MM. Burot et Legrand, médecins de marine : « La mortalité a dépassé, dans le corps expéditionnaire, toutes les prévisions.

« En dix mois, de mars à décembre, sans rencontre sanglante avec l'ennemi, l'armée a perdu presque autant d'hommes, toutes proportions gardées, que pendant les cinq années de la campagne du Mexique, de 1862 à 1867. »

En outre allez demander des nouvelles des survivants !

Partir à la caserne, se soumettre à son règlement, vivre de ses mœurs, s'abrutir et s'avilir, abdiquer ses droits, sa dignité, arriver à se mépriser soi-même, c'est terrible, ce serait fou si cela devait durer ; **on** croit n'effacer que quelques années de son existence, on escompte la fin de l'épreuve de honte. Mais **quelle** pensée peut faire obéir celui qu'on envoie au charnier, au meurtre, à la guerre au loin contre des inconnus, sans qu'il sache pour qui ou pourquoi ?

Par quel miracle un homme devient-il bête brute ? un bon garçon, assassin ?

Il n'est pas même dans la nature de la brute d'aller au-devant de la mort — le suicide est propre à l'homme.

Un soldat est donc un être privé de sentiment et de pensée ? Mais l'armée se recrute dans le civil. Il est temps que là on s'habitue à examiner la question.

(*Libertaire*, 22 janvier 1898)

L'ENFERMEE

L'autorité déprave moins ceux qui la subissent que ceux qui l'exercent.

Quand on a le pouvoir, on est dispensé d'avoir aucune qualité humaine ; on n'a que faire de sa raison quand on dispose de la raison d'Etat ; à quoi bon savoir ou comprendre, il suffit de vouloir avec l'aide de Dieu et de la force armée.

Il n'y a donc rien à attendre de bien de la part des gouvernants, ils n'agissent que par la violence.

La vérité, qui manque essentiellement de discipline et de soumission, est leur bête noire, leur plus terrible adversaire, l'éternelle rebelle, l'hydre moderne, le monstre aux cent têtes sans cesse renaissantes malgré les guillotines, et qu'ils ne réussissent jamais à enfermer complètement ou à exiler pour toujours.

Dans ce duel journalier entre la vérité et l'autorité, celle-ci n'a pas encore de meilleure arme que le mensonge.

Tout gouvernement ment par principe. Il semble que le pouvoir serait inutile qui n'imposerait pas le mensonge. Il n'y a pas à s'étonner, puisqu'il n'en peut être différemment ; tout pouvoir est souillé à son origine par une erreur. Dieu ou suffrage universel, car il n'est pas plus possible de déléguer son pouvoir que de déléguer sa vue, sa pensée ou son amour.

Sur cette erreur fondamentale est construit tout l'édifice autoritaire. Pour le renverser, la vérité n'a qu'à paraître.

Le gouvernement qui ne chercherait pas à l'étrangler dans sa prison serait d'une complète stupidité ; c'est ce qu'il devrait répondre aux imbéciles qui lui demandent la lumière ! C'est se moquer de lui. Il est décidé à tous les actes de violence que peut inspirer le désespoir pour que la vérité reste inconnue, ensevelie.

Que ceux qui veulent la délivrer, sachent bien qu'ils ne réussiront pas avec des prières ou des protestations platoniques.

(*Libertaire*, 29 janvier 1898.)

LE TRAITRE ZOLA

Comme Emile Zola méritait la peine de mort, il n'y a pas à s'étonner de l'année de prison qu'on lui a octroyée.

Il eût été illégal mais juste qu'on lui appliquât la peine capitale ; le peuple réclamait sa tête à bon droit. On ne la lui jettera pas cette fois-ci, mais cela ne tardera guère, si peu que Zola persévère dans la voie criminelle où il s'est engagé. Quiconque s'oppose à l'arbitraire et combat l'injustice risque sa liberté et sa vie ; c'est tout ce qu'il peut espérer : on ne va à la gloire qu'en respectant l'injustice et honorant l'arbi-traire.

Jusqu'à ce jour, c'est ce que Zola avait coutume de faire ; il était, par son silence, complice de tous les crimes sociaux ; il restait sourd aux cris des victimes sans nombre ; il porte à sa boutonnière la preuve de la reconnaissance des bourreaux ; il fût mort alors, que la patrie l'eût jugé digne d'aller rejoindre Carnot au Panthéon.

Aujourd'hui, il est voué aux gémonies ; les honnêtes citoyens regrettent de ne pouvoir l'insulter sous la guillotine et piétiner sur sa tombe pour en effacer jusqu'à la trace.

Il y a longtemps qu'on a remarqué pour la première fois que la roche Tarpéienne est proche du Capitole.

Nous ne savons ni ce que pense ni ce que fera Emile Zola, mais sa conduite ne modifiera pas cette vérité : il y a trois classes d'hommes dans la société : ceux qui ignorent qu'elle a pour base le mensonge, qu'elle est bâtie, selon l'expression ibséenne, sur le sol pourri du mensonge ; ceux qui le savent, mais se déclarent satisfaits pourvu qu'ils aient leur part du butin ; enfin ceux qui se révoltent.

Laissons les neutres, les indifférents, masse informe et sans vie,

> Le bas du genre humain qui s'écroule en nuage...
>
> V. H.

Et nous voyons d'un côté les bénéficiaires de la mauvaise organisation sociale, les privilégiés, les détenteurs exclusifs de la richesse commune, les accapareurs, les exploiteurs, les lions et leur cortège de chacals, les hiérarchisés, les dévorants de tous les budgets, leurs soutiens et leurs défenseurs, le clergé, l'armée, la magistrature, tous les stériles, les inutiles, les malfaisants, tous ceux dont l'œuvre est de ruse, violence et ténèbres, les gens de louches besognes dans l'ombre et le secret, ceux qui se masquent et se déguisent, tous ceux qui comptent dans l'Etat, ceux que le peuple admire et respecte, et qu'il croit des héros, demi-dieux, toute la légion d'honneur enfin, tous ceux qui vivent de l'injustice sociale, profitent de l'ignorance et de l'abrutissement des travailleurs et des producteurs, ceux pour lesquels l'humanité peine et crève dans la misère, le vice et la souffrance.

D'un autre côté, face à cette armée des honorables, la poignée des honnis, des révoltés, ceux dont un désir de vérité et de justice guide les actes, les amoureux de science et de lumière. Entre ceux-ci et les premiers, il n'est nulle paix possible, la lutte est perpétuelle Les honorables croyaient pouvoir compter parmi les leurs Emile Zola, malgré sa tare d'art et de littérature, la bourgeoisie lui avait fait accueil avec confiance, et s'efforçait à ne voir dans son œuvre qu'un côté cochon, multiplication d'éditions lucratives.

Tout à coup, Zola abandonne la place qu'on lui avait assignée dans l'orchestre, il se mêle de penser librement, il se met à réclamer la vérité et la lumière dans l'antre même du mensonge, il ne respecte ni mystère ni secret, il crie ses convictions, hurle ses indignations ; mais cela a un nom, cela s'appelle trahir ; le crime attribué à Dreyfus est insignifiant en comparaison de celui de Zola.

Qu'est-ce que de livrer à un Etat voisin quelques locuments militaires ? peu de chose, car tous les Etats sont frères et invitent mutuellement leurs officiers aux grandes manœuvres de leurs armées ; mais révéler les hontes, les turpitudes, les crimes des héros, arracher l'auréole et le masque des demi-dieux, livrer aux adversaires les arguments triomphants, c'est trahir en face de l'ennemi, compromettre la sûreté de l'Etat, c'est devenir un ennemi public ; le salut de la Patrie exige la mort du coupable et non douze mois de prison.

A l'eau Zola ! à l'eau le traître !

(*Libertaire*, 13 mars 1898.)

LA CERTITUDE DE VAINCRE

A mesure que l'humanité se civilise, elle ressent plus vivement le besoin de vérité.

Notre sensibilité hait l'erreur pour tous les maux qui en découlent, mais notre intelligence seule aime la vérité parce qu'elle en fait son unique aliment.

Contrairement aux religions qu'on n'impose que par la force et dont l'influence varie, croît ou décline sans cesse, la science a le privilège de ne pas rencontrer d'incrédules ou d'infidèles parmi les gens sincères et de cerveau sain.

C'est sur cette constatation que se base notre inébranlable espoir en un meilleur avenir.

Chaque jour la science progresse, non seulement en faisant de nouvelles conquêtes sur l'inconnu, mais surtout en s'emparant d'un nombre plus grand d'intelligences.

On peut cesser de croire, on ne peut cesser de savoir ; on peut nier tous les Dieux des religions mais non la présence de l'oxygène dans l'air ou la dilatation des corps sous l'influence de la chaleur.

L'esprit humain se sent vacillant dans le doute, il aspire à la certitude. A toutes les affirmations, il préfère une preuve.

Peu à peu dans l'humanité, les besoins de l'intelligence deviennent plus exigeants, l'habitude se propage de soumettre toutes les question au libre examen individuel.

Malheureusement, en trop de consciences encore se livre le dur combat entre les vieilles croyances, les préjugés, les igorances, les conventions, le passé en un mot et les neuves vérités qui veulent se faire place impitoyablement, parce qu'elles sont nécessaires et portent en elles l'avenir.

Loin de nous de dire que cette lutte n'est pas sans souffrances, sans lâchetés et sans crimes ; mais il importe que chaque individu soit soutenu dans sa révolution intime afin qu'il se proclame et décrète à lui-même les droits de sa raison et la liberté de sa pensée.

Le devoir de propagande est un acte de fraternité et chaque victoire individuelle est un gage de bonheur pour toute l'humanité.

(*Libertaire*, 27 mars 1898.)

L'EVOLUTION HUMAINE

L'immobile, le vide, c'est-à-dire la mort n'existe pas.
La vie est dans tout.

Tout se meut, se transforme, croît, se dissout, évolue en un mot.

Quiconque étudie, observe, à l'aide de livres, c'est-à-dire à l'aide des travaux de ses prédécesseurs, ou par son propre travail, son expérience personnelle, peut se convaincre facilement de cette vérité ; l'évolution est la loi générale de l'univers ; elle régit aussi bien le grain de poussière du chemin que les astres innombrables, ces poussières du ciel.

Elle régit l'humanité.

La conclusion immédiate est que la connaissance des lois de la nature a pour nous la plus grande importance, elle seule peut éclairer et guider nos actions. L'instruction, le savoir, la science a transformé les hommes en géants, en dieux, plus merveilleux que ceux qu'inventa la riche imagination des antiques.

Chaque jour, de patients labeurs, d'incessantes études augmentent les conquêtes de l'homme sur la nature.

Ce mouvement de l'humanité, plus ou moins vif ou latent dans les âges précédents, s'est prodigieusement accéléré durant ce siècle. L'homme, jetant un regard pénétrant autour de lui, trouvait le secret des choses, et se renseignait sur le jeu des effets et des causes ; il voulait tout savoir, tout connaître, sauf lui-même. L'influence néfaste des religions l'avait habitué à se considérer comme un être à part ; distinct de tout ce qui vit, il se mettait lui-même hors la loi naturelle.

Le grand fait des temps modernes est que l'homme vient de se reconnaître naturel. Ce qui l'a le plus étonné dans la contemplation de la nature, c'est de s'y voir.

Il ne put s'y refuser ; déception, humiliation, mais impuissance de croire au caractère antinaturel de l'homme. Forcé de rentrer dans le rang, il devint l'objet de la science. L'anthropologie se constitua.

Les sciences spécialement anthropologiques sont nombreuses. L'histoire naturelle, la géologie, la géographie, l'embryogénie, les sciences sociologiques, etc., apprennent à l'humanité à se connaître elle-même. Est-elle près de devenir sage, selon le précepte de l'oracle de Delphes ?

Il n'y a pas lieu de s'arrêter à l'antagonisme de la foi et de la science ; l'une affirme gratuitement et grossièrement, l'autre n'avance rien qu'elle ne prouve, elle n'oblige pas à croire, elle convainc. A la raison humaine de choisir entre la foi et la science : cela revient à choisir entre la mort et la vie.

La vie, manifestation de la force cosmique dans laquelle, en dernière analyse, la science a découvert l'unité de l'univers, la vie, a pour loi générale la liberté, c'est-à-dire l'autonomie, l'obéissance à sa propre loi, à la nature.

Qu'il s'agisse des nébuleuses, des plantes ou des êtres, ils ont tous, pour synonyme de vivre, évoluer librement. Toute gêne, toute entrave leur est nuisible, les fait déguerpir, leur est mauvais.

Si l'humanité fait partie de la nature, il faut lui reconnaître les mêmes lois, c'est-à-dire les mêmes droits ; à cette condition, elle sera bonne et florissante.

Les défauts de l'humanité, ses imperfections ne peuvent jamais motiver sa servitude, car ce serait au moins l'arrêter dans son évolution.

Il faut dire : au moins, car tout arrêt vers le progrès a pour conséquence subite une rétrogradation.

Reste à examiner si l'évolution libre est toujours bonne.

Là encore la science énonce, preuves à l'appui, les deux lois suivantes :

1° Tout être tend à persévérer dans son être ;

2° Tout être aspire au bonheur.

L'être est repoussé par le mal, par tout ce qui diminue ou compromet sa vie. Il est attiré par ce qui favorise son développement, par le bien. Pour ne pas tomber dans l'erreur religieuse de la création d'entités, il est plus juste de dire, au lieu de : le bien, le mal, son bien et son mal.

Sans l'isoler de l'univers, tenons-nous-en à l'homme. Chacun cherche son bien et fuit son mal ; c'est l'emploi de sa vitalité.

Longtemps il n'a eu pour se conduire que sa sensibilité, facile source d'erreurs ; aujourd'hui, la science peut fournir à sa raison d'utiles lumières : au tour de la raison d'éclairer la sensibilité.

Le progrès moral peut se définir : le discernement sans cesse plus profond du bien et du mal.

Ce qui revient à la célèbre définition de Claude Bernard : « La vie est l'ensemble des forces qui luttent contre la mort, » en prenant le mot *mort* dans son acception étroite d'extinction.

Une diminution de vie est un mal, une petite mort ; la mort, une grande diminution.

A moins d'affirmer les vérités scientifiques, la raison doit les admettre et déduit :

Que toute loi arbitraire et artificielle issue du bon plaisir d'un ou de plusieurs, révélée ou inventée, est inutile si elle est conforme à la loi naturelle, et nuisible si elle lui est contraire ; en tous cas attentatoire, dans son application, à la liberté individuelle, condition nécessaire au progrès moral, ou, ce qui revient au même, à l'extension de la vie.

Avant longtemps, les législateurs seront considérés comme des sauvages et d'ignorants barbares, ou bien la race humaine, arrêtée par eux dans son évolution, disparaîtra complètement de la surface terrestre, comme ont déjà fait tant d'autres races.

(*Temps Nouveaux*, 9 avril 1898.)

L'EXEMPLE

Le camarade Bovet s'indigne honnêtement contre les abus de confiance commis par les curés, cela prouve en faveur de la droiture et de la noblesse de ses convictions.

Quant à nous, tout en partageant les convictions de notre camarade, notre indignation commence à s'émousser.

A force d'étudier le rôle et l'histoire des parasites qui pullulent sur le corps social, nous nous sommes aperçus qu'ils ne subsistent qu'en abusant sans cesse de la confiance du peuple ; ils le bercent de fausses espérances, l'adulent ou le menacent pour obtenir par ruse ou par don l'argent qu'ils ont besoin pour leurs ripailles, leur luxe et leur domination. Et le peuple ignorant et dupé se laisse voler tous les jours par les inutiles et malfaisants, au premier rang desquels il faut placer le clergé.

Vous vous étonnerez moins des malversations des petits si vous réfléchissez à l'exemple que donne souverainement leur chef.

Le Saint-Père ! Son nom même ne nous inspire pas la confiance ; car s'il peut être père il n'est assurément pas saint.

C'est un monsieur intelligent et adroit ; les plus malins l'ont choisi pour les diriger ! quel artiste ce doit être ! mais de quoi vit-il ?

Il exploite la stupidité humaine.

Abusant de la crédulité des gens de bonne foi, il leur extorque leur argent sous menace d'enfer ou promesse de paradis !

Un fait divers de la lutte éternelle des exploités contre leurs exploiteurs, la révolte du prolétaire Jésus, sa tentative d'insurrection, son arrestation, son jugement, sa condamnation, a fourni à des agitateurs, puis à des ambitieux un thème facile à déclamations, à légendes ; si bien que les faits désignés, transfigurés, ne sont plus qu'une fable, un attrape-gogos, au moyen desquels on draine l'or des peuples vers la caisse du pape, richissime successeur du va-nu-pieds Jésus !

Ce pauvre eut de riches héritiers !

Mais vous, les héritiers, tenaces, sans relâche,
De siècle en siècle, par la parole et par le feu,
Rusant avec le fort, terrifiant le lâche,
Du fils du charpentier vous avez fait un Dieu.
Le denier du plus pauvre et l'or du plus avare
Ont dressé son autel partout multiplié.

D'après le chef, qu'on juge les soldats, et l'on s'étonnera peu de leur avidité et de leurs mœurs ; les humbles tentacules de l'immense pieuvre qu'est l'Eglise sont presque irresponsables.

Il ne faut pas conclure qu'on aurait tort de s'opposer à leur action. Au contraire, le devoir de tout homme de pensée libre et de cœur droit est de faire une guerre acharnée à l'erreur, au mensonge et à tous ceux qui le propagent et en vivent.

Quiconque garde la neutralité est une dupe et un lâche.

On n'est honnête que par ses actes : doutez des inactifs.

Les gens d'église ne le sont pas ; ils ne reculent devant aucun subterfuge, si déloyal, si perfide soit-il.

Ils adressent leurs paroles fallacieuses au travailleur trop occupé par un dur et perpétuel labeur pour démasquer facilement leur hypocrisie ; ils attirent leurs victimes dans un édifice bizarre où pénètre un petit jour qui donne aux choses une apparence mystérieuse et inaccoutumée ; ils répandent dans l'air un parfum stupéfiant, revêtent d'étranges costumes, déclament sur un ton emphatique des paroles obscures, entremêlées de citations en latin, incompréhensibles de leur auditoire, ne décrivant clairement que les supplices les plus effrayants que l'imagination puisse concevoir. Que l'on songe au résultat de ces manœuvres non seulement sur l'esprit des hommes, mais aussi sur la nervosité des femmes, sur l'imagination frêle des enfants !

Que l'on songe au but visé : l'asservissement de l'humanité, sa soumission à l'injustice, à la spoliation, par l'enseignement de la résignation et la défense d'exercer sa raison, la négation de toute science, l'obstacle à tout progrès, à toute amélioration sociale :

Alors on comprendra que les gens d'église sont des criminels et qu'à laisser faire on devient leur complice.

(*La Lutte Sociale*, 6 mars 1898.)

L'AVENIR DE CUBA

Dans l'ensemble des violences où se rue d'un bout de la terre à l'autre la douloureuse humanité, la guerre militaire est peut-être la plus sanglante, elle est assurément la plus stupide. Que les Etats-Unis, spéculateurs hypocrites, écrasent et ruinent l'Espagne en proie à la folie furieuse du cléricalisme, voilà une perspective qui n'a rien de déplaisant.

Cependant, le triomphe des Etats-Unis ne nous réjouira jamais pleinement, car les victoires d'un gouvernement, quel qu'il soit, sont déplorables pour les peuples.

Ceux qui ne confondent pas les Espagnols avec le gouvernement espagnol et le prolétaire de Chicago avec les commanditaires de Mac-Kinley, savent bien que, quelle que soit l'issue de la guerre, les peuples seuls paieront les frais. Que de bons diables vont se faire tuer pour de mauvais bougres !

Notre crédulité ne va pas jusqu'à tenir pour sincères les protestations humanitaires des Américains gouvernementaux — les barbaries ne les émeuvent que

quand ce n'est pas eux qui les commettent — l'extermination des peaux rouges et des peaux noires a été
chez eux un sport longtemps en honneur ; la pendai-
son des anarchistes de Chicago a peut-être inspiré les
fusillades de Montjuich.

Le populaire, lui, se laisse toujours entraîner par
les sentiments généreux, les idées de justice et d'indépendance ; comme les maîtres ont toujours le talent
de faire défendre leurs privilèges par leurs naïfs sujets, ils ont pris l'habitude de masquer leurs appétits
capitalistes sous le manteau de la fraternité et de la
liberté.

Le duel hispano-américain n'aurait donc qu'une
importance relative pour nous si le sort des deux
gouvernements nous intéressait seul ; heureusement
dans la question cubaine il y a aussi le sort des
Cubains.

Ces acharnés révoltés sont sympathiques — ils ont
déclaré qu'ils n'entendaient pas faire une révolution
simplement pour changer de maîtres, mais pour s'en
passer. C'est là un fait nouveau dans le monde.

La cause profonde de cette logique sociale est sans
doute l'athéisme du peuple cubain. Il méprise, autant
qu'il hait, la dévote Espagne. Il est aussi supérieur à
l'Américain, orgueilleux de la blancheur de son épi-
derme, en ce qu'il n'a aucun préjugé contre la race
nègre. Ce peuple cubain nous apparaît de cerveau
sain et de cœur sincère. Ces hommes qui marchent à
la conquête de leur liberté, sans religion ni préjugé de
race, sont peut-être appelés à nous donner un grand
exemple d'émancipation ; la semence libertaire fera

de superbes floraisons dans Cuba affranchie.

Prolétaires d'Espagne et d'Amérique, peut-être ne verserez-vous pas en vain votre sang si vos frères de Cuba peuvent vous faire comprendre où sont vos véritables ennemis, les ennemis de tous les peuples.

(*Libertaire*, 1ᵉʳ mai 1898.)

LE MAUVAIS GAFFEUR

Il sévit, en ces temps, une épidémie de gaffes parmi les gouvernants ; le Pape lui-même y a été de la sienne — c'est vexant quand on se dit infaillible.

L'ingérence présomptueuse du grand exploiteur de la crédulité humaine dans le conflit hispano-américain est conforme à la perfidie habituelle de sa conduite, mais c'est aussi une maladresse grotesque.

Que l'Espagne, affolée par l'allure énergique des Etats-Unis, appelle le pays à son secours, c'est logique — mais que le Pape s'imagine arrêter le geste justicier des protestants et libres-penseurs des Etats-Unis, c'est absurde.

C'est odieux, quand on se souvient de la conduite du Pape lors d'événements récents.

Que le Turc dépeuple férocement l'Arménie et écrase la malheureuse Grèce : le Pape n'en a cure.

Que la catholique Espagne, renouvelant les horreurs chrétiennes du moyen âge, martyrise les innocents de Montjuich, pille, vole et assassine aux Philippines et à Cuba : le Pape se réjouit, bénit les bourreaux et insulte les victimes.

Les crimes, dont s'épouvante et s'indigne le monde civilisé, trouvent à Rome absolution, encouragement et récompense.

Les tartuferies sanglantes, les massacres cléricaux n'engendrent pas seulement des indignations platoniques ; les fiertés s'insurgent, la révolte s'arme pour la délivrance ou du moins pour la vengeance ; la conscience de l'humanité se satisfait.

Alors le Pape intervient.

Il met toute l'influence dont il se targue au service des oppresseurs, des tortureurs, des assassins, ses fidèles hommes de proie ; il ne veut pas qu'on leur arrache leurs victimes.

Les Etats-Unis qui, n'étant pas autant contaminés par le virus catholique, ont pris, en cette occasion, la défense des opprimés, enverront s'asseoir sur son saint siège le cynique individu et son hypocrite arbitrage, et Cuba obtiendra enfin son indépendance.

Mais les exigences de l'humanité ne s'arrêtent pas là. Il n'est pas suffisant que Cuba soit sauvée de la ruine et de la mort, il faut que l'Espagne catholique soit réduite à l'impuissance et que son peuple soit délivré de ceux qui l'abrutissent, l'asservissent et la saignent.

La justice est en marche et malgré leurs efforts, les Papes ne sont plus de taille à lui barrer la route.

(*Lutte Sociale*, 17 avril 1898.)

GARE AUX FOUS

Que A. Dreyfus soit un traître, il est permis d'en
douter, comme il est permis de douter que tous ses
défenseurs soient des vendus, mais ce qui est absolument certain, c'est que ses accusateurs sont vils à
lasser le mépris.

Ces produits mâtinés du séminaire et de la caserne,
encouragés par la stupidité merveilleuse dont le patriotisme dote ses adeptes, ont tout à coup remplacé l'hypocrisie, qui est leur système naturel par un cynisme
peut-être imprudent ; ils mentent à qui mieux mieux,
sans se concerter, sans s'embarrasser du moindre
souci de vraisemblance, nient l'évidence avec la même
désinvolture qu'ils affirment l'insoutenable et sortent
des contradictions, où ils se jettent furieusement,
par des injures et des menaces ; mais à ce compte-là,
il ne sera plus possible à personne de s'avouer patriote
sans se proclamer en même temps imbécile parfait.

Car à quel être sensé fera-t-on admettre ces deux
choses plus que douteuses, la culpabilité de Dreyfus
et l'innocence d'Esterhazy.

Dire d'un officier qu'il a acquitté par ordre un coupable, c'est porter à son honneur une grave atteinte, mais dire d'un autre officier qu'il est un espion et un traître, c'est le signaler à l'estime de tous ses collègues et déjà se grave la médaille qu'offriront au grand Esterhazy ses victimes reconnaissantes.

Le cléricalisme allié au militarisme devait aboutir à cette incohérence, à cette démence avant l'inévitable agonie.

Malheureusement, il faut prévoir que les accès de la folie clérico-militaire prendront de plus en plus une forme violente et furieuse.

Le malade est dangereux et sa crise finale n'est pas la moins à redouter.

Il serait d'une souveraine imprudence de s'en rapporter à son bon droit, de se contenter d'avoir raison, de ne recourir qu'à la persuasion pour se protéger contre la férocité de fous furieux et armés jusqu'aux dents.

Lisez les lettres dites du uhlan ; au peu d'étonnement et à l'absence d'indignation qu'elles ont soulevés, vous verrez que *livrer Paris au pillage de cent mille soldats ivres* est le rêve commun à tout cœur de bon chrétien et de pur patriote. Esterhazy a bien exprimé les grandes pensées qui peuvent éclore sous un képi.

De ceux qui ont l'honneur de porter l'uniforme, pas un ne reniera les aveux dénués d'artifice de leur cher collègue ; ils ont tous envie de tuer cent mille Français.

Le fait avéré que ce cher collègue les trahissait n'est pas pour le diminuer dans leur estime ; il n'y a rien de paradoxal si l'on songe au progrès général de l'internationalisme ; les frontières n'existent plus pour la science, les arts, la finance, le socialisme, etc., rien d'anormal à ce qu'elles se soient abaissées aussi pour permettre la communion de militaires de tous les pays.

L'officier allemand est un frère pour l'officier français, leur ennemi commun est celui qui doute de l'infaillibilité du sabre et n'a plus une foi aveugle en la haute valeur intellectuelle et morale des porteurs de galons dorés.

C'est entre le civil et le militaire qu'on trouve aujourd'hui l'antagonisme, l'hostilité, la haine qui faisaient autrefois se heurter les armées ennemies.

Derrière les fous en chef, marchent les bandes de ceux que Jean-Jullien appelle les « vivelarmées », tous les croqueurs de Juifs et mangeurs de bon dieu, de Rochefort à Cassagnac, de Drumont à Millevoye.

Ecoutez-les hurler, vous n'entendrez que des cris de sang et de meurtre ; ils ne tarderont pas à passer aux actes.

Alors ceux qu'ils atteindront comprendront peut-être que rien ne sert d'être lâches.

Quant à nous, nous sommes sur nos gardes ; nous n'avons pas attendu les aveux d'un Esterhazy pour savoir à quoi rêvent les officiers.

VERS LE BUT

Seul et isolé, l'homme est triste et impuissant, il est pauvre ; associés les hommes trouvent joie et force, ils doivent aussi trouver abondance. Le malheur de la société. actuelle, c'est qu'elle n'est pas basée sur l'association, mais sur la concurrence. Ses membres s'unissent bien pour la production ; il n'y aurait pas moyen de produire autrement, mais ils se font la guerre pour la consommation.

Le jour où les vainqueurs dans la lutte pour la consommation, c'est-à-dire les riches, verront l'association des producteurs intervenir dans la bataille, ils comprendront que la paix est préférable, le système de la concurrence aura vécu, le solidarité s'établira naturellement.

Actuellement, tous les ouvriers travaillent au-delà de leurs forces, jusqu'à la fatigue, jusqu'à l'épuisement, jusqu'à l'abrutissement, et tous consomment en deçà de leurs besoins, physiques et intellectuels ; ils créent la richesse et meurent de misère.

Que le pauvre dise donc au riche : « Tu acceptes

ma place à l'atelier ou aux champs, tu acceptes aussi mon aide pour produire, ne viens pas me disputer mon concours pour posséder et consommer, ne me dispute pas ma place au banquet. »

Mais pour que le riche comprenne ce langage, il faut que le pauvre soit prêt à agir et à prendre ce qu'on ne lui donne pas.

Que tous les ouvriers s'unissent dans une même pensée : « Nous voulons travailler selon nos forces et consommer selon nos besoins. » Une foi d'accord sur ce but, que chacun, selon son tempérament, préconise et emploie le moyen qui lui convient.

Pour nous, il n'en est pas de meilleur que l'association libre.

Or, il n'y aura d'association libre que celle que le gouvernement ne pourra ni réglementer ni dissoudre. Ce souci si grand qu'ont tous les pouvoirs d'entraver et d'étrangler les sociétés prouve qu'ils y voient un péril pour eux ; en effet, elles apprennent à se passer de l'Etat.

Si tous les travailleurs se syndiquaient, ils arriveraient bien vite à se convaincre que toute la production étant en leurs mains, ils n'ont aucune raison de tolérer ceux qui les gênent, les exploitent et les affament.

Une fois bien convaincus qu'il importe de se débarrasser de tous les parasites nuisibles, là encore, suivant son tempérament chacun emploiera et préconisera le moyen qu'il trouvera bon.

La suppression du militarisme, du capitalisme, des politiciens, des administrations, de l'autorité patronale, religieuse et étatiste sera facile quand les hommes groupés sauront se défendre et s'administrer eux-mêmes.

A l'organisation autoritaire et oppressive, basée sur l'injustice et perpétrée par la violence des baïonnettes et des gendarmes, succédera une organisation libertaire et émancipatrice, fondée sur la justice et maintenue par la conviction de l'intérêt commun.

La société générale de l'humanité sera formée par la multitude des petites sociétés libres au sein desquelles régneront ces fruits naturels de toute association : l'abondance et la sécurité.

Mais si les travailleurs s'entêtent à copier leur organisation corporative sur le modèle de l'organisation sociale dont la bourgeoisie nous a dotés, ils n'arriveront qu'à conserver celle-ci. Or, comme nous ne tirons d'elle aucun profit et subissons par elle beaucoup de mal, c'est à la détruire que nous devons nous efforcer.

(*L'Esclave*, 1ᵉʳ août 1898.)

LOI ET ARBITRAIRE

Ceux qui croient ou feignent de croire à l'utilité et à l'efficacité des lois peuvent parler sans sourire, et impressionner majestueusement le bon peuple toujours fétichiste.

Rien de plus commode dans la conversation que le *dura lex sed lex* : « il y a une loi qui..., la loi veut que... »; quand on dit ça, tout est dit.

La loi remplace avantageusement le *deus ex machina* dont la disparition de la foi religieuse a rendu l'emploi difficile ; ce qui prouve, qu'où la foi n'est plus, la crédulité est restée.

Heureusement, les lois n'ont pas le pouvoir et les vertus qu'on leur prête ; elles peuvent gêner et retarder l'évolution, elles ne la changent pas, pas plus qu'elles ne font d'une erreur une vérité ou d'une canaille un honnête homme.

Leur grand avantage est surtout de fournir à l'autorité excuse ou prétexte pour molester ses victimes.

Depuis la Révolution, l'arbitraire semble honteux et est devenu hypocrite, il ne désarme pas, mais il agit bien malgré lui, allez, pour faire respecter les lois et parce qu'il faut bien qu'on leur obéisse.

Donc, sitôt qu'une chose déplaît à l'autorité, elle ne se venge pas, mais elle confectionne une loi qui défend cette chose, puis elle fait appliquer la loi.

Le bon plaisir de nos potentats ou leurs lois est bien d'effet vain sur la marche des événements et du progrès, mais fait très facilement le malheur des individus.

La loi, qui ne peut rien contre la vérité, peut tout contre celui qui la dit ; l'avenir qui réalise les vérités est en lutte contre les lois et naît au milieu des dou-leurs que l'oppression des lois inflige aux précurseurs.

Cette constatation empêchera-t-elle, ceux qui aiment la vérité, de combattre l'erreur, nous en doutons, car les coups qu'ils recevront assureront sans doute le succès de leurs efforts.

A ce point de vue, l'efficacité des lois est parfois remarquable : le résultat est justement celui qu'elles prétendaient éviter.

C'est ainsi qu'il y a des lois qui nous obligent de respecter l'armée et ses chefs ; une récente circulaire annonce qu'elles seront rigoureusement appliquées.

Soit, elles seront appliquées, c'est-à-dire qu'un certain nombre d'orateurs ou d'écrivains seront privés de la faculté de loger où bon leur semble et de prendre l'apéritif à leur café habituel ; l'armée en sera-t-elle plus respectée ? en apparence peut-être ; plus respectable ? non.

Il y a deux méthodes de réponse à quelqu'un qui nous accuse d'un crime : la première est de prouver qu'il ment ; la seconde, de lui tomber dessus à coups de bâton.

La première est avantageuse pour celui qui est « innocent », mais la seconde est préférée par celui qui se sent le plus fort.

L'autorité, surtout sous sa forme armée, étant généralement coupable de ce qu'on l'accuse, il n'y a pas à lui en vouloir d'employer, exclusivement, la seconde méthode.

Nous verrons donc prochainement des procès en cour d'assises où des citoyens ayant divulgué l'incapacité, l'indignité ou les forfaits d'un officier, seront condamnés pour avoir tenté de diminuer la confiance que le soldat doit à ses chefs : nul doute qu'après les débats, la confiance des troupiers ne soit définitivement affermie.

L'officier honnête, celui qui fait son triste métier aussi bonnement qu'il est possible, entendra attribuer à la crainte des lois le silence que l'on garde à son sujet.

La loi qui protège l'honneur de l'armée, jette la suspicion sur l'honorabilité de chacun de ses membres : mieux vaudrait une loi qui empêchât les généraux de se déshonorer, mais pour ça, les lois sont encore plus vaines que pour le reste.

Force est donc de constater que l'Armée, institution décrépite, survivance d'un passé barbare, se meurt dans le présent plus rationnel et que sa décomposition nous empeste.

(*Libertaire*, 16 octobre 1898.)

LE PATRIOTISME AU RABAIS

*Je ne vois pas de patries, je ne vois que
des tyrans et des esclaves.*

DIDEROT.

Pas plus que l'amour, la haine ne se commande,
et tous deux sont aveugles. Cet aveuglement ferait
bien l'affaire de la presse nationaliste si un peu de
docilité l'accompagnait.

Les farouches et prudents patriotes qui possèdent
une provision de haines ne se contentent plus de prêcher l'exécration du peuple allemand, ils ont récemment tenté d'exciter l'animosité des Français contre les
citoyens des Etats-Unis, et il paraît que leur insuccès
ne les a pas découragés, puisqu'on les voit aujour-
d'hui, à propos de Fashoda, faire appel aux mauvais
instincts que recèle en son triste cœur la malheureuse
bête humaine.

Homme d'Etat, homme de finance sauront tirer profit des sentiments guerriers et des meurtres commis ;
ce sont gens qui traversent les combats aussi invul-
nérables dans leur vie que dans leur fortune.

Les gens d'épée, brutes imbéciles, risquent leur peau pour gagner de l'argent, des médailles et des galons ; leur vie, sans doute, ne vaut pas plus.

Il y a encore les soldats, c'est-à-dire le peuple qui ne sait qu'obéir et mourir, non seulement sans protestations, mais souvent en chantant.

Messieurs les nationalistes qui escomptent une guerre avec l'Anglais s'inquiètent, en apparence inutilement, des sentiments que celui-ci inspire au troupier français.

L'originalité du soldat est de tuer ou de se faire tuer sans savoir pourquoi, par métier, oui, mais aussi par force.

Le sort le plus beau ne lui fait pas envie. Ayant tout à y perdre et rien à y gagner, il trouve la guerre une chose désagréable. Pour la désirer, il a besoin d'un supplément d'abrutissement ; si on laissait agir *le Petit Journal* et *la Patrie* il serait bientôt pourvu.

Les idées d'internationalisme et de fraternité des peuples ont été semées avec trop de profusion depuis trente ans pour que les jeunes cerveaux n'en soient pas un peu fécondés.

Aussi l'enthousiasme guerrier est-il assez maigre, les exploiteurs des idioties patriotiques usent en vain leurs efforts à provoquer l'exaltation haineuse des gens du peuple.

Ceux-ci n'en veulent pas aux Allemands, aux Américains ou aux Anglais.

Asservis, abrutis, ils se laisseront *mener à la boucherie* comme l'a si bien dit un de leurs maîtres, non ivres de fureur ou pour assouvir leur colère, mais inquiets et résignés, par crainte du bagne et de la fusillade.

S'il y a des haines dans les âmes populaires, ce sont des haines de classes, fruits logiques de l'iniquité sociale ; s'il y a une guerre où le peuple ait quelque espoir de profit qui compense les risques, c'est la guerre civile.

Le progrès actuel se constate parce que le citoyen répond aux excitations à la guerre contre ses frères des autres nations : « Ils ne sont pas mes ennemis. »

Le progrès futur sera qu'il dise : « Notre ennemi, c'est notre maître. »

Alors, il ne s'agira plus de guerre, ni sociale, ni internationale.

L'humanité devenue consciente, cessera d'être brutale.

L'idéale justice, comprise et aimée, dissipera souverainement des haines et des violences.

Tous ceux qui vivent de l'ignorance et de la crédulité des hommes disparaîtront avec celles-ci.

Les événements comme ceux de Fashoda démontrent combien nous sommes encore loin du jour libérateur.

Ils démontrent aussi que si la démoniaque Patrie a toujours autant de prêtres, elle a moins de fidèles.

Et la foi de ces derniers est si vaillante que quand il s'agit de s'exposer pour leur idole, ils ont généralement autre chose à faire.

Ce qui est infiniment regrettable.

(*Libertaire*, 13 novembre 1898.)

« ... TU N'AURAS PAS MES OS ! »

Le *Règlement sur le service intérieur* des régiments
contient ce passage :

« Les membres de la hiérarchie militaire doivent
traiter leurs inférieurs avec bonté et avoir envers eux
tous les égards dûs à des hommes dont la valeur et le
dévouement procurent leur succès et préparent leur
gloire. »

L'aveu est ingénu et mérite d'être connu. Il fait bien
ressortir le mensonge de l'enseignement patriotard à
l'aide duquel on abrutit la jeunesse pour la préparer
au stupide et avilissant métier de soldat.

« Il faut aimer la Patrie, petit, il n'y a rien de plus
ni de meilleur au monde, tu dois en être fier.

« Toute la vie tu paieras des impôts pour elle, toute
la vie tu travailleras pour l'enrichir, tu dois être
prêt, pour elle, à tous les sacrifices, même à celui de
ton existence ; en attendant, obéis toujours à tes maîtres. pour l'amour de la Patrie.

« N'est-ce pas que tu seras joyeux, le jour où
la Patrie chérie t'appellera sous ses drapeaux pour

apprendre à la servir ou à la défendre ; en bon citoyen, tu sauras payer intégralement l'impôt du sang ; la Patrie, te fait, en te prenant, beaucoup d'honneur, sonné, quand l'ennemi infâme menacera la frontière, sonné quand l'ennemi infâme menacera la frontière, quand les barbares envahisseurs souilleront de leurs pieds sanguinaires le sol sacré, tu te lèveras alors, jeune soldat, tu offriras ta poitrine en rempart à la Patrie et tu sauras accomplir ton devoir en héros sous la conduite de tes chefs, glorieux modèles d'abnégation et de désintéressement ! »

Grâce au *Règlement sur le service intérieur*, cet extrait d'un discours de distribution de prix peut être traduit littéralement :

« De gré ou de force, nous te mènerons à la caserne, jeune homme, nous briserons en toi toute dignité et toute raison, nous te disciplinerons, nous te mâterons, nous ferons de toi notre chose, nous n'aurons pour toi que les égards que l'on a pour ce qui est utile à notre succès et à notre gloire.

« S'il y a du danger, nous te ferons marcher, nous te ferons tuer, autant qu'il le faudra, pour obtenir des galons, des honneurs, des pensions et des croix ; chair à canon, tu nous serviras à gagner les victoires dont les profits nous sont promis. En temps de paix, nous te renverrons chez toi afin que tu travailles à nous entretenir, et souviens-toi que nous sommes toujours prêts à te fusiller, si tu refuses de nous nourrir ou de nous servir. Sur ce point, la dernière grève a dû te renseigner suffisamment.

Grâce à cette excellente Patrie, nous pouvons t'exploiter tant que nous voulons, en temps de paix comme en temps de guerre, et nous t'obligeons encore à dire merci ! aime bien ta patrie, citoyen-soldat ! »

A propos de cette menace de mort que l'armée fait peser sur les travailleurs qui usent de leur droit de grève, un lieutenant daignait dernièrement en discuter avec un gréviste :

« Soyez donc raisonnable, reprenez le travail, disait le gradé, inutile de rouspéter ; si les choses se gâtent, quand même vous seriez cent mille, vous savez bien que vous ne pèseriez pas lourd devant nos lebels !

— Bah ! dit le compagnon, vous seriez bien embarrassés, si vous nous tuiez tous !

— !!

— Dame, il faut bien que l'ouvrier chie pour que vous mangiez ! conclut-il en riant très fort. »

C'est vrai en général, aussi nos maîtres, gens avisés, ne parlent-ils que de pratiquer une saignée ; ils veulent bien être ingrats, mais non pas se faire tort. Ils semblent néanmoins avoir eu la main lourde à l'expédition de Madagascar, à tel point qu'un des leurs, le colonel Lentonnet le constatait dans son carnet, tenu au jour le jour de la campagne. Empruntons quelques notes pour illustrer notre propos :

« 15 juin. — Toujours le travail de la route, on ne compte plus ses victimes. Et pourquoi ? pour traîner derrière nous les voitures Lefebvre. Celui qui a imaginé de les envoyer à Madagascar est un véritable meurtrier. Les cimetières commencent à se peupler.

« 14 juillet. — Vers dix heures, le général Metzinger

vient nous surprendre ; il est rayonnant et nous annonce sa nomination au grade de général de division.

« 19 août. — A cette corvée de route vient s'en ajouter
une autre vraiment lugubre. Vingt hommes de mon
bataillon sont commandés pour aller creuser des fos-
ses... afin d'y enterrer les morts. Le nombre des victimes devient effrayant. »

Général Duchêne, Metzinger et Cie, n'avez-vous
pas... manqué d'égards aux hommes qui vous ont
procuré succès et gloire ?

On n'en finira donc jamais avec les assassins ? Qu'un
salutaire égoïsme fasse au moins dire à tous ceux
qui pensent : « Infâme Patrie, tu n'auras pas mes
os ! »

(*Libertaire*, 27 novembre 1898.)

DU MILITARISME

L'actualité exige que l'on parle de l'armée, je n'y
vois pas d'inconvénient, plus on en parlera, plus on
l'examinera, plus les critiques se feront sévères et
profondes.

A la logique pure, aux vérités de raisonnement sont
venus se joindre les arguments de l'expérience, l'appui
des faits.

La guerre entre la Chine et le Japon, entre l'Espagne et les Etats-Unis, les considérants économiques
et sociaux du projet de désarmement présenté par le
despote russe, les dessous de l'affaire Dreyfus-Pic-
quart ont considérablement ruiné le prestige des vieilles armées permanentes, tare sanglante du xixe siècle.

La napoléonite chronique est le mal français par
excellence ; ceux qui n'en meurent pas en restent
estropiés de cervelle, nulle logique ne les touche,
nulle pensée ne leur est accessible.

Dès que le mot « Armée » est prononcé devant eux,
ils entrent en délire, il ne sort plus de leurs dents
grinçantes que mensonges et menaces.

Le mal a dans ces derniers temps pris une force si voisine de l'aliénation mentale qu'une minorité sans cesse grossissante a pris peur et a résolu de retirer de la main de ces fous les armes dont on les avait imprudemment munis.

La besogne semblait aisée à ceux qui trop longtemps nièrent les ravages de l'épidémie militariste ; les anarchistes, plus perspicaces, avaient depuis trente ans vu et combattu le danger ; aussi la résistance des forcenés ne les étonne ni ne les décourage.

Les hommes de cœur et de pensée, les scientifiques, les littéraires, les artistes ont compris enfin qu'une armée est une monstruosité sociale, une menace à l'intelligence, un outrage au peuple.

En étudiant le péril militaire, les intellectuels se sont sentis confusément obligés de rendre hommage à l'anarchie par amour pour la vérité ; ils ne peuvent sans contradiction s'en tenir à une critique de l'armée, à une réforme du personnel.

Ce n'est pas à eux qu'il faut apprendre l'influence du milieu sur la moralité et le caractère des individus ; ce sont gens habitués aux idées générales et à la recherche des causes.

S'ils ne vont pas jusqu'au fond de la question, s'ils ne creusent pas jusqu'aux solutions nécessaires et radicales, ils ne pourront invoquer ni incapacités mentales, ni loisirs insuffisants, ils n'auront d'autres excuses que leur lâcheté.

Non que nous leur demandions de faire pour le peuple des travailleurs la besogne qui n'incombe qu'à celui-ci, il n'appartient pas aux intellectuels de détruire

les parasites sociaux, leur unique fonction est de fournir les idées de vérité, les œuvres d'art et de pensée,
de donner, en somme, un pain moral de bonne qualité
à ceux, producteurs et ouvriers, qui assurent la
satisfaction des autres besoins de l'homme.

Eh bien, gens d'étude, c'est ce que vous n'avez
pas fait jusqu'à ce jour, soit par ignorance, soit par
inconscience ; ceux d'entre vous qui n'avez pas insulté
aux souffrances du peuple, ont trouvé bon de le laisser dans l'erreur, n'ont pas rougi de le livrer à toutes
les puissances des ténèbres ; vous n'avez pas protesté
contre l'absurde et malfaisante institution du Suffrage
universel dont vous n'avez jamais été dupes ; vous
n'avez pas barré le chemin à la propagande cléricale
bien que vous sachiez à quel point elle est nuisible au
progrès humain, enfin vous n'avez pas fait une guerre
sans merci à la guerre, vous tolérez qu'on soumette
le peuple au traitement déprimant, à l'asservissement
d'un militarisme obligatoire ; avec votre approbation
on a traîné l'enfance des bagnes, du collège et des
sacristies, à celui, plus pourrissant encore, de la
caserne. Aujourd'hui, devant le peuple émasculé et
avili, devant la soldatesque insolente et brutale, vous
comprenez enfin qu'il vous appartient de nous éviter
ces misères et ces hontes.

Trop longtemps vous avez appelé vertu ce qui était
vice, honneur ce qui était infamie, vous avez loué
l'autorité et honni la révolte, vous avez empoisonné
les cœurs et les esprits de préjugés et de mensonges.

Aujourd'hui, vous prenez conscience de vos défail-
lances passées et de votre devoir présent ; l'avenir

nous dira si vous ne vous lasserez pas vite d'être les porteurs de vérités.

En face du militarisme, vous êtes au pied du mur, nous allons vous voir à l'œuvre.

Il n'est défendable que par des arguments hypocrites et des sophismes éventés ; il est inutile, il est nuisible, dites-le. A l'intérieur, il ne maintient pas l'ordre, mais le désordre ; c'est l'intervention de la violence dans les rapports entre les citoyens et leurs oppresseurs ou leurs exploiteurs ; c'est la dictature de la force, c'est le règne de la terreur ; à l'extérieur, c'est la nation livrée, ligotée, à l'envahisseur, c'est un peuple privé de ses moyens défensifs, auquel, par méfiance et crainte, on a enlevé ses armes et sa jeunesse, et dont le sort dépend du bon plaisir des chefs, capables ou non, imbéciles ou traîtres, bien que ce soit la dernière des choses dont ils se préoccupent.

En temps de paix, l'armée démoralise et dégrade le peuple de toute énergie, de toute dignité, elle l'asservit brutalement aux forbans de la politique et du capital, elle est, elle-même, un foyer pernicieux de corruptions et de crimes de lèse-humanité.

En temps de guerre, elle subordonne le salut public aux désirs de gloire des généraux, à leurs rivalités et à leur politique, elle sacrifie la vie des citoyens aux exigences de l'honneur militaire et du culte du drapeau.

L'armée actuelle, que Gohier a si justement définie *l'Armée contre la nation*, doit disparaître pour faire place à la nation armée. Il ne faut pas qu'on voie un

peuple trembler devant le sabre qu'il devrait tenir
lui-même.

Aux myopes de bonne foi qui seraient tentés de
s'écrier : « Que deviendrions-nous sans armée ? » je
répondrai : « Sans armée, nous ne connaîtrions pas
les pertes de temps et d'argent qu'elle exige, nous
épargnerions à nos jeunes gens les souillures de la
caserne, nous aurions un budget allégé de moitié et
cinq cent mille producteurs de plus : nous serions
plus riches et plus puissants. »

Sans armée, chacun aurait le droit de s'instruire du
maniement des armes durant toute sa vie et s'habi-
tuerait à s'en servir pour la défense de ses intérêts
véritables, de sa dignité et de son indépendance ; la
nation ne serait plus un vulgaire troupeau de brebis
obéissantes et craintives, elle serait redoutable à quiconque voudrait attenter à sa prospérité ou à ses
libertés.

Quand nos tyrans actuels auront été chassés de la
bonne façon, les tyrans étrangers n'envieront pas leur
place ni leur sort.

A l'heure présente, l'Angleterre avec sa flotte, l'Allemagne avec ses troupes nous tiennent à leur discré-
tion ; elles peuvent toujours espérer venir à bout de
nos amiraux et généraux ; elles ne pourront lutter
contre les idées de justice et de liberté que nous
mettrons en action, quand nous serons débarrassés
de toutes les chaînes dont nous sommes chargés, de
tous les parasites qui nous dévorent et dont le plus
épuisant est certainement le militarisme.

(*Libertaire*, 15-21 janvier 1899.)

DE LA NECESSITE D'ETRE CLAIR

Ce que nos camarades ont compris à la lecture de mon article, qui n'était qu'une sommation aux artisans de la campagne contre les conseils de guerre d'avoir à aller jusqu'au bout de leur logique, jusqu'à la destruction du militarisme, d'autres lecteurs ont dû le comprendre.

Il ne s'agit donc pas de ce que j'ai voulu dire, mais de ce que j'ai effectivement écrit.

Je n'ai qu'à approuver ce que l'un des nôtres dit à propos de la *Nation*, car toute révolution, surtout celle que nous rêvons sera internationale... dans son évolution.

Ai-je dit le contraire ?

L'abolition du militarisme ne sera que le premier acte de la révolution, il ne sera pas le seul — je suis encore ici de son avis, puisque j'ai écrit : Quand nos tyrans actuels auront été chassés de la bonne façon, les tyrans étrangers n'envieront ni leur place ni leur sort. » J'entendais par tyrans tous ceux qui nous oppriment.

J'ai donc eu le tort d'être mal compris, car qui écrit a le devoir d'être clair.

J'ai dit que l'armée actuelle doit disparaître pour faire place à la nation armée, c'est-à-dire au peuple armé, c'est-à-dire à l'individu armé.

Je le répète, parce qu'il est vain d'appeler le peuple, l'individu à la révolte, c'est-à-dire de lui proposer de lutter les poings nus contre les fusils chargés.

Quand chaque citoyen aura son lebel accroché à sa cheminée, il comprendra que le bulletin de vote n'est pas le seul moyen de faire valoir ses droits.

Le platonisme révolutionnare aura vécu.

Les idées de justice et de liberté gagneront à être défendues par d'autres armes que la plume ou la parole.

Pour beaucoup sera vrai, alors, le vieux dicton : « Qui a du fer a du pain. »

Ces arguments sont-ils destinés à être écrasés par l'argument du « bloc » que voici : la destruction du militarisme est impossible sans celle du capitalisme et du cléricalisme, démolir l'un c'est démolir les trois, après quoi, nous serons en anarchie, tous les hommes frères ne forgeront plus d'armes.

L'argument du *bloc* me semble fragile :

Quand Clémenceau vient dire que ceux qui admettent les résultats de la révolution de 89 ne doivent rien en répudier, je trouve qu'il a raison. Elle est ce qu'elle est, admirez-la en bloc ou pas du tout.

La société bourgeoise est aussi un bloc, toutes ses parties se tiennent, elles sont toutes mauvaises, étant basées sur l'erreur et le mensonge : la justesse de la métaphore est indiscutable, les conséquences qu'on en tire le sont moins, car pour démolir un bloc, il faut l'entamer, le fractionner, le mettre en pièces.

Quel inconvénient y a-t-il de munir les démolisseurs des outils efficaces, quel gaspillage d'efforts voit-on à donner un coup de main aux gens de bonne foi qui tentent de dégrossir le bloc et à les aider pour enfoncer le coin dans la fente.

Qui peut dire que l'antimilitarisme n'est pas la mise en train de la révolution, le premier coup de pioche qui fasse brèche ?

Notre camarade dit qu'il faut faire terrain net pendant qu'on y est — combien il a raison !

La pratique diffère de la théorie en ce qu'elle a un commencement, l'important est de ne pas s'arrêter, de ne s'arrêter jamais — même quand l'anarchie fleurira — les hommes devront être perpétuellement en garde contre le réveil des erreurs, les retours de l'esprit autoritaire, toujours prêts à défendre, par tous les moyens, les grandes idées de notre idéal contre les adversaires qui pourraient surgir de quelque partie du monde que ce soit. Les futurs groupes libres de l'humanité n'évolueront pas sous un mode uniforme, mais, au contraire, présenteront une infinie variété ; l'avenir dépassera en imprévu ce qu'on peut imaginer. Pour moi, je souhaite non seulement de conquérir ma liberté par tous les moyens, mais encore de garder à ma disposition ces mêmes moyens, pour la conserver. Quant aux Nations, que le diable les emporte.

(*Libertaire*.)

CONVERSATION GEOLOGIQUE

L'ennui d'un long voyage s'accroît souvent du désagrément des voisins que le hasard des stations vous
procure, ils sont parfois aussi la distraction imprévue.
A mon dernier séjour en wagon, j'eus deux compagnons, grands discoureurs, qui semblaient avoir pris
à tâche de m'empêcher de dormir ; je me vengeai en
les écoutant avec une attention tout d'abord pimentée
de raillerie. J'appris bientôt qu'ils se nommaient Hector et Eusèbe. Hector était un brave homme de phar-
macien de province qu'Eusèbe, plus batailleur, se plai-
sait à tourmenter.

— Hector ! vous n'êtes plus un homme grave,
vous êtes un homme triste, qu'est-ce qui vous arrive ?

— Je suis préoccupé par une intéressante question,
je ne peux m'empêcher d'y penser.

— Et ce changement à vos habitudes vous trouble ?

— Avez-vous jamais réfléchi à la mort...

— A la mort de Louis XVI ?

— A la mort de la Terre, ce n'est pas un sujet de

moquerie. Je ne parle pas de l'échéance trop lointaine d'un refroidissement, provoqué par l'extinction du soleil, par exemple, non, mais la simple action de l'eau...

— Un nouveau déluge ?

— Il n'en est pas besoin. L'eau est un agent de destruction qui va à petits pas, sans jamais s'arrêter : il réduit en sable les plus durs rochers, le granit ne peut résister à son infiltration mortelle. Ce que l'eau ne dilue pas, elle le dynamite par la congélation ; la locution populaire : « il gèle à pierre fendre » n'est que l'expression exacte de la vérité ; la goutte d'eau qui a pénétré dans les pierres, augmentant de volume en se congelant, fait éclater celles-ci avec bruit.

— C'est très amusant.

— Ce qui l'est moins, c'est qu'il n'est masse de roches, si immense soit-elle, qui ne soit désagrégée par les pluies, les avalanches, le glissement irrefrénable des glaciers. Tous les jours, les sommets des Alpes perdent de leur altitude. Le bloc qui s'en détache va dans sa course folle s'effondrer dans les vallons et ne remonte jamais plus.

— Jamais plus !

— Et les orages, les averses qui subitement font d'un calme ruisselet un torrent furieux, charriant vers la plaine, vers la mer, les débris de nos montagnes. Et ces eaux souterraines qui dissolvent en silence les calcaires et les couches salines du sol, produisant des affaissements, des éboulements. Songez à cette universelle et perpétuelle démolition qui finira par faire de toute la surface de la terre un immense Sahara de sables et de marais : nul cours d'eau n'ira

féconder les plaines sans déclivité et l'eau pourrira
dans les endroits où le sol ne l'absorbera pas. La disparition des montagnes, ces grands régulateurs des
cours d'eau, entraînera la stérilité de la terre. Imagi-
nez sans tristesse un pareil spectacle ; c'est désespé-
rant.

— C'est pourtant joli, les horizons plats, les délicieux
lointains des paysages hollandais.

— Il n'y aura plus d'horizon, plus de paysage,
puisqu'il n'y aura plus d'humains pour les voir...
à moins que...

— A moins que ?

— Que de nouvelles montagnes ne surgissent, que
de formidables cataclysmes, bouleversant tout, ne
remettent tout en ordre.

— Je crois peu à la vertu des cataclysmes, ils sont
plus souvent effets que causes.

— Cependant, les grandes convulsions du globe,
qui ont...

— Vous devez être antidreyfusard ?

— Moi !

— Clérical !

— Mais...

— Autoritaire !

— Comment ça ?

— Etatiste enfin, archiste ; vous croyez au miracle,
à la magie des toute-puissances, vous croyez qu'il y a
eu création et commencement, et que, par conséquent,
il y aura fin et destruction.

— Dame !

— Eh bien, mais je pense que la nature se passe

de chefs, qu'elle méprise les puissants ; elle est anarchiste essentiellement.

Il n'y a rien en dehors de la vie et de la matière, la matière sans la vie est aussi incompréhensible que la vie sans la matière. il ne peut donc être question de commencement ou de fin, de naissance ou de mort.

Les forces qui agissent aujourd'hui ont agi de tout temps : nulle force ne se perd ni ne se crée.

Oui, tous les jours la hauteur des montagnes diminue, mais d'autres s'édifient formidables. Elles s'édifient non par l'effort d'un dynamisme transcendant, par la mise en jeu de forces colossales, mais bien par le travail propre de la matière, par l'action de la vie.

— Je vois bien les montagnes s'anéantir peu à peu et leurs débris se perdre dans la mer — où sont celles qui se forment ?

— Là où sans doute se sont formées toutes les montagnes, tous les sols : sous les eaux.

Sur les sommets des Alpes, on découvre des débris d'animaux marins ; les couches de la terre sont des dépôts successifs laissés par l'eau.

· L'eau, en effet, ronge ses rivages, recueille les poussières charriées par les vents, dissout les sels — qui enrichissent son fonds et forment les couches. Mais les grands constructeurs de l'écorce terrestre sont les végétaux et les animaux.

La grande division des terrains en primordiaux et récents n'est pas radicale et essentielle ; les terrains primordiaux ont été récents et les récents deviendront primordiaux.

Or, les terrains de formation récente sont dûs aux

produits du monde organique, donc les terrains primordiaux sont aussi des restes de plantes et d'animaux.

Il est reconnu en géologie que toute chaux est d'origine organique, et comme la chaux est l'élément dont
sont formés le feldspath, le granit, etc., sous l'action
de certains agents chimiques, il est permis de dire
que c'est au travail du monde végétal et du monde
animal que nous devons la formation de la terre.

La faune et la flore sous-marines prennent à la mer
leurs parties constituantes, et fixent ainsi les miné-
raux dissous. Les débris de coquillages, de carapaces,
de varechs encombrent les fonds ; d'autres animaux,
d'autres végétations créent rochers sur rochers,
exhaussent continuellement le sol marin d'une manière
fort inégale, les groupes innombrables d'animalcules
se perpétuent dans les lieux où les moyens de subsis-
tance sont abondants et désertent les endroits inhos-
pitaliers. Certaines îles océaniennes sont l'œuvre des
seuls coraux, et une partie des dunes de nos côtes sont
des amas de poussière, d'huîtres, de moules, de coquillages les plus divers.

Les conséquences de l'exhaussement du sol de la
mer sont faciles à imaginer ; là, la mer empiète sur le
rivage, là elle se retire à des distances sans cesse plus
grandes ; le niveau de la mer varie et, avec lui, la
hauteur des monts ; pour de si gigantesques effets,
la nature n'emploie que la collaboration des animalcules, des herbes ; ce sont les petits qui font les
grandes choses.

Ils continuent, monsieur Hector, et rien n'est assez

puissant pour entraver l'œuvre de ces faibles et obs-
curs ouvriers. A de telles constatations, le romanesque
perd, le fabuleux s'évanouit, l'esprit césarien bat en
retraite.

Pas plus que l'humanité, la nature n'a eu son époque héroïque ; en tout temps, l'incessante besogne des
humbles, des infimes, a été immense et puissante. Les
chefs, les héros, les dieux ont fait beaucoup de bruit
pour rien ; la vie ne dépend pas d'eux.

— Je vous en prie, Eusèbe, ne parlons pas de politique, supplia Hector, ce que vous m'avez dit contient
certainement des vérités, n'en gâtez pas les charmes.

— Cependant, il y a de grandes analogies...

Eusèbe ne put s'expliquer davantage, le train
stoppa, nous descendîmes.

PASSONS-NOUS DES LOIS

Les députés socialistes ont déposé sur le bureau
de la Chambre un projet de loi ainsi motivé et li-
bellé :

« La première et la plus importante des précautions à prendre, c'est d'interdire l'enseignement à tout
homme qui veut tenter sur lui une expérience contre
nature, en s'imposant la continence la plus absolue.
Il faut prévoir en effet, le cas probable où son cerveau
ne peut résister à une pareille épreuve.

« Mettre de tels hommes, qui peuvent devenir des
fous dangereux, en contact avec les enfants, c'est organiser de parti-pris, avec la complicité de l'Etat, des
attentats pareils à celui qui s'est accompli à Lille
avant-hier, dans un pensionnat dirigé par les frères.
*C'est pour prévenir le retour de semblables crimes
que nous avons l'honneur de vous présenter le projet
de loi suivant :*

« Article unique. — Le droit d'enseigner est interdit
en France à tout homme qui fait vœu de chasteté. »

Les socialistes parlementaires, accoutumés aux

œuvres de stérilité et d'étouffement n'ont pas perdu l'occasion de montrer leurs capacités et de prouver leur énergie : ils sont législateurs, n'est-ce pas ? Nous n'avons pas à nous indigner s'ils font leur métier.

Ce qui, à notre point de vue personnel est infiniment regrettable, c'est de voir un esprit vaillant et un homme d'action comme Laurent Tailhade se rencontrer, à la fin de son éloquent article sur la *Liberté du père de famille*, avec ces farceurs qui trahissent la démocratie au Palais-Bourbon.

Nous ne voulons pas que le père de famille protège les siens de l'atteinte des prêtres, obligatoirement, légalement, nous souhaitons au contraire que, quelle que soit la loi, quel que soit le pouvoir qui ordonne ,les hommes se révoltent et emploient leurs forces à soustraire l'enfant, tous les enfants, à l'abominable étreinte des religions et des religieux.

La loi ? quel dangereux remède, quelle sécurité trompeuse, quelle futile illusion. Est-il sérieux de dire qu'ils ne violeront plus les petits garçons parce qu'il leur faudra en même temps violer la loi ?

Des centaines de mille d'enfants sont livrés à la prêtraille aux mœurs forcément monstrueuses, la sodomie est enseignée et pratiquée dans des milliers de collèges cléricaux et d'écoles prétendues libres, la vie y est maudite et niée, dans sa beauté et sa bonté, sans que la nation se révolte ! Il faut qu'un assassinat atroce soit découvert pour que l'opinion s'émeuve ; enfin les colères justes se lèvent ? Les haines salutaires vont agir...

— Non ! on dépose un projet de loi !

Doit-on craindre que le suffrage universel et le système parlementaire aient à ce point émasculé le peuple qu'il ne soit plus capable que d'un geste législatif, le moins beau de tous les gestes, ô Laurent Tailhade !

Il y a une œuvre de salubrité à accomplir, l'heure est favorable, il y a autre chose à faire qu'un « article unique ». L'affaire a d'autre importance au fond que l'affaire Dreyfus !

Comprenons qu'il ne peut suffire de retirer aux ensoutanés le droit d'enseigner la grammaire ou l'histoire, alors qu'on leur laisse professer les idioties obscènes du catéchisme ; supprimer la classe publique et tolérer le huis-clos du confessionnal, est une dérision.

Disons bien haut que tout individu qui s'est de lui-même retranché de l'humanité par des vœux contre nature, doit être traité par les hommes comme un animal dangereux.

La nature se venge de ceux qui la méconnaissent en les détraquant, en les transformant en monstres. Il convient de s'en garer mieux que par une loi. En tout frocard il y a l'étoffe d'un aliéné et d'un assassin.

Il n'est pas nécessaire qu'on nous présente sa victime à l'état de cadavre tuméfié ; l'exception ne prouverait rien ; les cléricaux respectent encore la vie, un peu moins le corps, mais ils n'épargnent jamais les esprits et les cœurs.

Implacables bourreaux des sentiments sincères et des pensées justes, ils tuent en nos enfants les loyales et délicates sensibilités naissantes, ils brisent, irré-

médiablement souvent, les ressorts si fragiles des
intelligences en formation, ils extirpent l'esprit d'examen et l'esprit de révolte, ces deux moteurs de la
dignité humaine.

Ils n'abandonnent leur proie que lorsqu'ils ont détruit en elle les facultés d'aimer et de comprendre,
lorsqu'ils en ont fait une chose amorphe à demi tuée.

Que sont les souillures du corps, auprès de celles
qu'ils font subir à l'être moral et effectif ? Les violences faites à la raison, les blessures de la conscience
sont-elles moins terribles, elles qui vouent les malheureux patients au mal, à l'erreur, au malheur.

Aveugles et coupables quand même, les parents
qui ne se préoccupent que du bon état physique de
leur progéniture en laissant porter atteinte à la santé
des cœurs et des cerveaux de leurs fils et de leurs
filles et détruire en eux les germes de la joie de vivre
et l'aptitude au bonheur social.

Pour éviter de tels crimes, ne comptons pas sur les
lois, nous ferions un raisonnement d'autruche. Ce
n'est pas au gendarme qu'il faut confier le soin de
faire progresser les mœurs.

Le cas sanglant de Lille et de son bruit retentissant
a éveillé les attentions ; profitons-en pour mettre en
évidence les cent mille attentats qui se perpètrent
chaque jour sous les auspices de l'obsédant cadavre
dont la laide et triste image salit les murs et les cer-
velles terrorisées.

Dénonçons les forfaits du grand criminel dont l'humanité est la victime, dénonçons les crimes de Dieu,
selon la forte expression du camarade S. Faure, appe-

lons les hommes à la vengeance de l'enfance, et mieux encore, prêchons d'exemple : mais surtout passons-nous des lois, faisons nous-mêmes la besogne que nous jugeons utile.

(*Journal du Peuple*, 16 février 1899.)

VOX POPULI

Il paraît, qu'autrefois, les changements de règne provoquaient l'inquiétude générale, suspendaient la vie publique, « tantôt pour quelques semaines et tantôt pour des mois ou des années, » dit *le Temps*. Aujourd'hui, nous sommes en République et les présidents se succèdent sans trouble ; voyez, disent les partisans de ce régime, voyez la parfaite tranquillité d'esprit avec laquelle le pays vaque, dans ces occasions, à ses affaires habituelles ! Cette tranquillité ne dénote-t-elle pas la non moins parfaite indifférence de ce pays pour ceux qui prétendent le représenter et le gouverner ?

Je ne sais si le peuple s'est jamais beaucoup occupé de ses rois, mais il semble se moquer fort de ses présidents ; il attribue leur avènement au hasard ou à des combinaisons, des marchandages louches. On lui exibe tout à coup, d'une boîte à scrutin, un monsieur quelconque, qu'il ne connaît pas, et on lui annonce que ce monsieur est le chef suprême pour une durée de sept ans. Ça lui est bien égal ; il comprend vite qu'il n'y a rien de changé dans les fonctions oppressives de l'Etat ; ce monstre, pour lui anonyme, est la chose redoutable et dangereuse qui ne change pas et règne sans répit.

La mort du brigadier de gendarmerie, celle du percepteur ou du curé émeut plus le paysan que la disparition d'un Carnot ou d'un Loubet.

C'est à ces tyranneaux, qui font directement peser le joug sur ses épaules, que vont ses haines ; on le verra le jour de la libération.

Peu importe qu'il y ait un roi, un empereur ou un autre à l'Elysée, les autorités n'en seront pas moins tracassières et avides. Impôts, procès, contraventions, terrorisent et grugent les travailleurs. A cet état de choses, le peuple ne voit et ne trouve aucun avantage.

Il a donc logiquement raison de se désintéresser des résultats des congrès ; ils n'excitent que sa curiosité, comme toute la politique d'ailleurs.

Les maires ont effrontément menti en prétendant parler au nom des populations dans leurs dépêches de condoléances à Mme veuve F. Faure ; les populations ne la trouvent pas du tout à plaindre, elles gardent leur pitié et leur sympathie pour d'autres veuves que celles qui se sont enrichies en puisant à pleines mains dans les caisses publiques. Quant au trépassé Félix, elles le considèrent comme un coureur de dot et de filles, qui finit mal comme il a mal commencé :

« Que les Parisiens se paient un président si ça leur plaît, je veux bien, me disait dernièrement un paysan, mais moi je n'en ai pas besoin ; nous avons assez de not' maire, pour faire le paon et dégoiser de belles phrases.

« Il s'amuse à faire le seigneur et ne nous coûte rien — heureusement, car ce qu'il fait ne vaut pas plus.

« Le gouvernement, lui, a besoin de maires, ce sont ses agents, ils le renseignent sur nous, lui disent comment nous supportons les impôts, si nous sommes sages et obéissants, etc. C'est par le maire que le gouvernement nous rappelle que nous ne sommes pas libres.

« Le préfet, c'est le caporal des maires, il paraît qu'il touche gros. C'est nous qui le payons, quoiqu'il ne travaille pas pour nous.

« Le chef des préfets, c'est le ministère. Celui-là, nous ne savons rien de lui, si ce n'est qu'il peut nous faire beaucoup de mal et pas de bien ; il tient les Chambres par des promesses ou des menaces, il les fait élire par ses préfets et ses maires, bref nous sommes à la merci et nous ne le connaissons même pas. Je vous jure que le village s'en passerait bien, d'un ministère !

« Et le chef du ministère ? c'est le président, — c'est lui le plus cher à nourrir, il lui faut cent mille francs par mois, c'est un prince !

« Il préside la République ! eh bien, vous embarrasseriez bien les campagnards en leur demandant ce que c'est que la République. — Ceux qui ont vu la royauté, et ceux qui ont vécu sous l'empire, disent que c'était la même chose ; les percepteurs, gendarmes, préfets, huissiers, notaires, curés n'ont pas même changé de nom ; les élections sont toujours la même cérémonie et tout le monde est soldat au lieu qu'il n'y ait que quelques-uns qui partent, les impôts ont doublé, la vie est devenue plus coûteuse : c'est pire.

« Ce que je vous dis, il n'est pas un paysan qui ne le pense ; nous considérons les gouvernements comme des voleurs qui ont mis des gens armés dans tous nos hameaux pour nous forcer à payer les impôts et faire la guerre à ceux qui font la contrebande, comme c'est leur droit. Et le président de la République, il peut bien mourir sans que cela nous émeuve, sans que ça nous fasse plaisir même, puisque quand il finit, l'autre commence.

— Vous n'êtres guère patriote, père Claude !

— Pas patriote ? au contraire, j'aime la terre, j'aime ceux qui travaillent sans demander rien aux autres, j'aime ceux qui sont utiles, mais je n'aime pas les inutiles, les fainéants ; ceux-là je n'en ai pas besoin.

« Quand j'engraisse mon cochon, c'est pour le tuer, je sais ce que je fais... mais motus..., assez bavardé, ce que je dis à vous je ne le dis pas à un autre... Or, voilà la bonne du curé qui vient par ici, parlons un peu du cours des pommes de terre. »

(*Journal du Peuple*, 4 mars 1899.)

LES RELIGIONS

LE MANQUE D'INFLUENCE DES SCIENCES, LA MALFAISANCE
DES RELIGIONS. — L'HYPOCRITE RESPECT DES CROYANCES.
— ANARCHIE OU CÉSARISME.

Il semble que tout l'univers soit soumis au grand
rythme de croissance et décadence ; la science cependant, par définition, échappe à cette loi générale des
choses, elle se constitue chaque jour, et ses définitions
paraissent devoir être sans fin. Manifestation lumineuse de l'esprit humain, la science n'arrêtera ses
progrès qu'à la disparition de la race des hommes.
Quand les cerveaux ne la comprendront plus, il n'y
aura plus d'humanité.

Nous n'en sommes pas encore à ce point, mais
bien au point opposé, puisque le rôle de la science
n'a pas encore été compris par les peuples.

Depuis que l'esprit à été libéré de la tutelle féroce
de l'Eglise, les connaissances naturelles se sont prodigieusement multipliées, les forces du savoir ont
fait fleurir partout des gerbes de vérité.

Cependant, la plupart de ces vérités sont restées stériles, inutilisées. Nous sommes semblables au voyageur qui aurait à sa disposition guide, lanterne et bâton et négligerait d'en user, sous prétexte que saint Antoine de Padoue ou saint Roch ont coutume de le protéger.

Le préjugé autoritaire (l'autoritarisme étant incompatible avec la marche de la science), dont nos intelligences sont nourries, et surtout le poison de l'erreur religieuse qu'elles ont absorbé expliquent seul cette inconséquence funeste.

Nous vivons toujours comme si nous croyions que la terre est fixe, qu'elle a été formée en six journées, que le ciel est le plancher du paradis, que l'enfer est sous nos pas et qu'un individu merveilleux s'escamote en cent mille exemplaires dans le ciboire des dévots.

Un grand nombre d'hommes ont rejeté de leur esprit ces sottises malpropres, mais les endurent encore dans nos coutumes et dans nos mœurs ; les scientifiques pensent d'une manière et vivent d'une autre, ils sont empiriques par paresse ou lâcheté.

Par contre, les gens qui ont foi dans les niaiseries mensongères des religions, ce en quoi ils sont idiots, ou qui simulent cette foi qu'ils n'ont pas, ce en quoi ils sont canailles, sont ceux qui nous gouvernent et nous imposent leur manière de comprendre la vie.

Ces dévots, catholiques, protestants ou juifs, sont restés puissants en dépit de la décrépitude de leurs idées. Ils ont eu l'habileté d'abandonner les plus pourries ; volontiers ils tolèrent l'ingérence de la science dans les choses de l'industrie, de la médecine, de la

guerre, bien que le brûlage des cierges et le marmot-
tage des invocations soient encore employés au moins
en hors-d'œuvre et que nos amiraux et généraux comptent plus sur leur crédit auprès de saint Michel ou
de saint Georges que sur leur bravoure et leur
tactique. Mais dès qu'il s'agit du mécanisme de la
richesse, de la sociologie, de la morale, etc., ils prétendent que la science devient tout d'un coup incom-
pétente ; elle n'a plus la parole, c'est au trouble et
grossier fatras des religions qu'il faut demander les
solutions ; l'histoire naturelle est vraie tant qu'elle
explique l'animal, et fausse quand elle étudie l'homme.
— Et lorsqu'on prouve à l'israélite ou au chrétien que
l'homme est un animal ?

Ils ne nient pas complètement, non, mais ils font
deux parts dans l'homme, le corps et l'âme, ils laissent
le premier à la science, mais lui interdisent tout droit
d'examen sur le second.

Restait à légitimer cette distinction en prouvant
la réalité de cette dualité, or, jusqu'à ce jour, les
preuves de l'existence de l'âme sont comme celles de
la culpabilité de Dreyfus, brouillées à mort avec la
vérité ; cela n'est sans importance que pour les
dévots.

Cette internationaliste qu'est la science a depuis
longtemps renversé les frontières élevées entre le
monde matériel et le monde moral, et entend promener sur tout l'univers la lumière de son flam-
beau.

Rien de ce qui existe ne lui est étranger, tout est
matière à ses investigations, si ce n'est les religions,

sépulcres vides, néant pompeux. Où il n'y a rien, la science perd ses droits.

Les religions proscrivent l'intelligence, parce qu'elles la craignent, terrorisent et maltraitent l'humanité pour l'exploiter sans danger, mais que les intelligents humains enseignent et vénèrent encore les religions, c'est proprement un suicide.

Quelle hypocrisie, sous prétexte de respect dû aux croyances, de laisser vivre, grandir et se propager l'erreur.

Si une croyance ordonnait à ses adeptes de brûler les moissons et de crever les yeux des gens, serait-elle plus ou moins respectable que celle qui comprime les cœurs, stupéfie les cerveaux des enfants, oblige des hommes et des femmes à l'abstinence sexuelle et provoque ainsi au dérèglement, à la dénaturation des cœurs, des esprits et des mœurs.

Quelle hypocrisie et quel danger de laisser la dévotion s'installer au pouvoir et nous conduire au malheur des réactions et des servitudes !

La pensée éclairée et la foi aveugle s'excluent l'une l'autre, il faut choisir : l'une conduit à la vie libre, à l'anarchie, ; l'autre enchaîne les peuples aux pieds des Césars de sacristie ou de caserne !

Sans parti-pris et sans haine, la simple logique nous oblige à considérer comme des êtres dangereux ceux qui soumettent leur raison au joug des dogmes.

Qu'ils règlent leur vie privée d'après leurs superstitions inanes, c'est déjà un exemple funeste, un voisinage malsain que la plus élémentaire salubrité commande de circonscrire, et les détromper devient un

devoir humain ; mais qu'en outre, ils aient une influence dans la vie sociale, qu'ils jouent un grand rôle
dans l'organisation des peuples, qu'ils puissent imposer à leurs concitoyens les conceptions extravagantes
de leur cerveau morbide, voilà le mal profond dont
nous souffrons et contre lequel tous les remèdes sont
bons, et louables tous les moyens de destruction.

(*Journal du Peuple*, 14 mars 1899.)

SOCIALISME AGRAIRE

Dans les propres écrits des économistes, il est facile
de trouver des arguments prouvant l'abomination
de leur système. Dans un article du *Temps*, en date
du 7 mars, on nous annonce qu'en agriculture, tel
propriétaire paie cinquante sous un homme qui lui
sarcle en un jour un demi-hectare, un autre a pour le
même prix le travail d'un homme, d'un enfant et d'un
âne. De cette façon, le binage, et sarclage d'un hec-
tare de blé, les hersages et roulages qui les accompa-
gnent, ont coûté de 20 à 25 francs ; or, dit notre propriétaire, « je crois être fort au-dessous de la
vérité en estimant à dix hectolitres au moins le *surplus*
de récolte que j'en ai retiré. Dix hectolitres de blé pour
25 francs ! l'excédent de paille correspondant valait
seul mon argent. »

Comment trouve-t-on le cri d'allégresse de ce brave
homme ? Il a donné 25 francs à des pauvres pour un
travail qui lui a rapporté 25 francs de paille plus 250
francs de blé. Et dans notre belle organisation sociale,
il est convenable de se vanter d'une telle injustice

quand on en profite ; il serait dangereux pour qui
en pâtit, de tenter la moindre réclamation — voilà
comment chacun jouit des fruits de son travail !

Il importe aussi de considérer que nos législateurs,
gros propriétaires pour la plupart, ont jugé à propos
de protéger le travail national en général et l'agriculture en particulier. A cet effet, ils ont mis un tel
droit de douane sur les blés qu'ils ont réussi à faire
monter les prix à 30 fr. le quintal.

Que ne sont-ils pas disposés à faire pour le paysan ?
Ils lui font produire le blé à un prix dérisoire et le
lui vendent un prix exagéré grâce à une bonne loi
protectrice !

Le jour où le peuple comprendra enfin avec quel
cynisme les anthropophages du protectionnisme l'ont
dévalisé et affamé, il sera de la plus élémentaire pru-
dence au Père la Famine et à ses associés de cacher
leurs oreilles.

Il est vrai qu'un peuple qui crie : « Vive l'armée »,
c'est-à-dire acclame ses égorgeurs habituels, est tombé
si bas que ses ennemis ont peu à craindre d'être trai-
tés comme le veut la simple logique. Plus il est mal-
traité, plus il est pénétré de respect pour ses bourreaux.

Aussi ne prétendons-nous pas exciter sa colère,
mais son admiration, en lui dédiant ces quelques chif-
fres sur le prix de revient du blé, tels que nous les
fournit le *Journal des Economistes* du 15 novembre
dernier.

Ce prix varie entre 12 fr. 80 et 8 fr. 45, soit une
moyenne de 10 fr. les 100 kilos.

Les prix moyens de vente sont de 20 fr. : ce bénéfice de 100 0/0 fut jugé insuffisant par le sieur Méline ; c'est 200 0/0 qu'il faut à messieurs les capitalistes, les cours de l'an passé en font foi.

Une des merveilles des lois économiques, c'est que le taux du profit est toujours proportionnel à la richesse, c'est pourquoi ce qui est vrai des grands producteurs, n'est plus qu'une demi-vérité quand il s'agit des moyens et petits producteurs. Il y a des paysans dont le bénéfice ne varie jamais, ce sont les malheureux journaliers, ils doivent s'estimer satisfaits s'ils gagnent leur pitance et quelle pitance ! On affirme que l'on ne meurt pas de faim à la campagne, cela tient surtout à ce que l'on vit de peu, car la misère est grande et, là plus qu'ailleurs, elle avilit, elle abrutit, elle assassine lentement.

A notre époque du triomphe du machinisme, la grande entreprise est arrivée à réduire ses frais d'exploitation à un tel point que la concurrence est devenue impossible au petit cultivateur faisant valoir lui-même son modeste domaine. Son sort ne se distingue guère de celui du journalier.

Comme remède, les étatistes préconisent des tarifs protecteurs dont ne peuvent profiter que les riches, ils trouvent le remède excellent, car la race des pauvres est méprisable, et plus elle est malheureuse plus la main-d'œuvre tombe à vil prix, ce qui est l'idéal des dirigeants.

Les économistes, eux, protestent contre tout système protecteur, ils veulent libre le jeu des forces économiques : laissez faire, laissez passer ; ils ne changeront d'avis que lorsque la propriété individuelle **sera** en péril.

Or, c'est justement la disparition de cette propriété qui libérera du servage de la misère la grande masse des travailleurs producteurs.

Les grands propriétaires fonciers eux-mêmes, nous indiquent cette solution. En accaparant des centaines d'hectares, ils ont créé un communisme à leur usage.

Le travail en commun de plusieurs centaines d'ouvriers, population de villages entiers, est tout le secret de la production à bon compte et en grande quantité.

Seulement, dans ce cas, tout le bénéfice du communisme est accaparé par un seul ; c'est sans doute grâce à ce détail que MM. les économistes ne le combattent pas.

Le communisme des libertaires concilie les lois de la justice avec celles de l'économie politique. Ce seul mot de justice a le don de faire voir rouge à la bourgeoisie, elle en est arrivée à ne plus oser le prononcer, car ce mot-là sonne sa mort. A quelle distance sommes-nous de l'époque où tous les travailleurs comprendront les bienfaits du communisme ? les événements (les plus inattendus sont à prévoir) se chargeront de la réponse, il est certain que les paysans ne seront pas les derniers à le mettre en pratique.

Par le système des divisions propre aux héritages, par le mécanisme des hypothèques, la terre est à peu près passée entre les mains des capitalistes qui, sous forme de fermages, loyers, ou intérêts prélèvent une dîme écrasante. Il n'y a pas un paysan qui ne haïsse cet état de choses et ne soit prêt à donner un coup de main à ceux qui entreprendront de restituer à la commune, c'est-à-dire à tous, les terres que tous ont fécondées par leur travail.

(*Journal du Peuple*, 29 mars 1899.)

SCHISME SOCIAL

Une remarque, dont les plus farouches partisans de l'autorité ne peuvent nier l'exactitude, c'est que celle-ci communique à ceux qui la détiennent une maladie de stupidité à peu près incurable. — Leur raison, engourdie par une longue inactivité, leur refuse tout service régulier, et leurs actes révèlent les désordres d'une volonté sans boussole. Lorsque cette autorité se complique impunément d'arbitraire et d'absolutisme, elle abrutit complètement son homme : tous les idiots ne revêtent pas les insignes du pouvoir, mais tous ceux qui les portent ont une prédisposition à la démence. Les amis de Félix Faure excusaient ainsi sa crapulerie ; demeuré simple tanneur, il eût fini dans un cabanon ou au bagne. Les défenseurs de nos généraux ne tarderont pas à soutenir la même thèse.

Il est évident que leurs fonctions tarissent tôt en eux, les sources du respect humain, le factice qui régit leur vie leur voile la réalité ; en leur subordonné, conventionnel, ils ne voient plus l'individu, leur semblable et leur égal.

Comme un ordre raisonné n'est plus un ordre, ils ont pris l'habitude de ne pas penser avant de vouloir et d'agir ; ce qui explique l'incohérence de leur cynisme ; ils nient avec naïveté les vérités qui leur déplaisent, convaincus qu'ils peuvent, par ordre et au commandement, métamorphoser la vérité, en erreur et l'erreur en article de foi. Vous ne trouverez en eux nulle hésitation à se déshonorer... du moment qu'il s'agit de sauver l'honneur de leur corporation ; le crime d'Henry n'a pas indigné ces gribouilles, il les a enthousiasmés.

Il convient de reconnaître que dans ce dernier cas, la logique est de leur côté : qu'est-ce qu'un faux comparé aux assassinats qu'il est du devoir de tout officier de commettre, sans raison ni motif, par ordre ?

Professant volontiers le mépris de la vie humaine, quelle doit être la profondeur de leur dédain pour tout ce qui fait la beauté et la bonté de la vie ?

Ils se voient flattés, honorés, glorifiés sans savoir pourquoi, par tradition et atavisme d'esclaves, les éloges les plus grossiers leur semblent dûs ; leur grand orgueil est de se distinguer des autres hommes, de ceux qui ne portent pas déguisement rouge et or, des citoyens, en un mot : ils sont en effet arrivés à ne plus ressembler à des hommes ; ils en diffèrent encore plus par le cerveau que par l'habit.

Il est deux notions que des militaires professionnels sont incapables de s'assimiler, deux notions pour lesquelles tant de civils trouvent naturels de prodiguer leurs forces, leur intelligence et leur sang : la justice et la liberté.

Peu de phénomènes sont plus explicables : pour des citoyens, la justice et la liberté sociales sont les premiers des biens, sans qui les autres sont précaires ; elles sont le prix de l'existence, la condition de la prospérité et du bonheur général ; il n'en est pas de même pour les militaires : chez eux, la discipline suffit à tout, remplace tout, la personnalité avec sa dignité, ses joies, ses besoins, doit se suicider là où il n'y a qu'à obéir. « Le képi du soldat ignore ce qu'il y a dans sa tête, » a dit Henry, la victime du devoir : la discipline est la négation même de la moralité. Un soldat professionnel est forcément amoral et impersonnel, il perd le caractère d'homme.

S'il se trouve jamais un général assez franc pour nous dire ce qu'il pense des Droits de l'Homme, il avouera probablement qu'il les considère comme une stupide plaisanterie, une fable pour amuser les badauds, bonne à faire hausser les épaulettes du plus niais des officiers : « Ah ! les Droits de l'Homme ? demandez aux bleus ce que nous en faisons ! » et la réponse finirait en éclat de rire et bordées d'injures sur « ces cochons-là et leur vache de mère. »

C'est à cet état d'esprit spécial et monstrueux qu'il faut attribuer les drames qui terrorisent les nations, les brutalités et les férocités de la caserne, les tortures de Biribi, les hécatombes coloniales, les martyrs comme ceux de Dreyfus et de Sonneville, qui ne sont que la traduction en actes du mépris de l'humanité, première vertu militaire.

Jusqu'où, jusqu'à quel degré de bassesse descendront les protagonistes de l'affaire Dreyfus ? Un civil s'en fera difficilement une idée, car ce qu'on croyait impossible a été dépassé, mais si infâme cela soit-il, nul militaire n'en rougira, tous continueront à respecter, à honorer leur supérieur hiérarchique, et, fidèles observateurs de la discipline, mentiront avec fierté et haïront mortellement le renégat Picquart, le vil soldat qui gardait traîtreusement en son cœur quelque chose d'humain.

Ce Picquart, dont la carrière d'officier n'est pas exempte des ignominies inévitables du métier, et qui se distingua en d'avilissantes fonctions, nous intéresse par le très étrange parti qu'il prit d'agir en vulgaire citoyen, lui, un colonel !

On parle de deux juges de Dreyfus, sur le point d'avouer leur forfait et déjà on leur tresse des couronnes, comme si leur trop tardif aveu effaçait la honte de leur long silence ; or, cela n'est pas, il ne s'agit plus d'acquitter des innocents ou de condamner des coupables, mais il devient urgent de choisir entre le civisme et le militarisme ; le schisme social est déclaré.

L'armée est ce qu'elle est, telle il faut la garder ou la supprimer.

Il n'y a nulle conciliation possible entre une société où le progrès consiste à faire régner toujours plus d'équité dans les rapports entre les individus et la caste militaire, où tout se règle selon le caprice des chefs et par la violence des armes ; il y a antagonisme radical entre les qualités du citoyen et celles du soldat.

Dans la société moderne, le guerrier n'est plus à

sa place, il constitue un anachronisme, ses fonctions de tueur ne sont plus exercées qu'exceptionnellement et leur activité est universellement considérée comme une calamité, une catastrophe.

En France, les événements ont jeté une grande clarté sur cette situation. Il faudrait beaucoup d'obscurité et de mensonge pour réhabiliter l'armée et lui rendre son prestige.

Ce prestige ne peut se maintenir que chez un peuple esclave et qui supporte en silence le joug toujours imposé à l'origine par un militarisme triomphant.

Dans nos républiques au faux-nez démocratique, la puissance du parasitisme galonné ne s'explique que par la superstition savamment cultivée du patriotisme et de l'amour de la gloire.

Un peuple qui comprend et raisonne tend forcément à se débarrasser de la soldatesque ; cette tendance, que l'affaire Dreyfus a si bien mis en évidence, est la meilleure preuve de la vitalité du Peuple.

Le jour est peut-être proche où le citoyen rayera enfin des risques de l'existence le danger d'être assassiné au nom de l'ordre, de la patrie ou de la gloire du drapeau.

(Journal du Peuple, 24 mai 1899.)

MASCARADE DE LAGHET

Mon ami Bovet me demande un article, et même
un article vengeur sur la couronnade d'une statuette
installée au monastère de Laghet. La chose n'en vaut
pourtant guère la peine ; il n'y a d'ailleurs rien à
venger, si ce n'est la raison que tout fétichisme
outrage ; à Laghet, tout fut si ridicule et mesquin
qu'on ne peut que rire et sourire.

Le spectacle de la stupidité humaine est généralement attristant ; ici, ce fut un spectacle amusant,
l'amusement d'enfants qui jouent à la poupée ou au
polichinelle.

J'ai vu des cérémonies cléricales célébrées dans
l'ombre sépulcrale des grandes nefs, aux lueurs bla-
fardes des cierges, les hautes orgues mugissantes,
les vapeurs morbides et énervantes qui s'échappent
des encensoirs d'argent, lentement balancés, le bruis-
sement de la foule recueillie, les draperies tombantes,
les vêtements dorés, les autels étincelants, tout était
réuni pour donner une impression de terreur et de
mystère, pour frapper les sensibilités malades, les
'maginations affolées.

Il y avait alors lieu de s'indigner à voir par quels moyens physiques et violents, l'esprit inhumain et dominateur de l'Eglise établissait son empire sur l'humanité abrutie et domptée.

A Laghet, rien de semblable.

Dans un cadre naturel, pittoresque, fait des rochers dénudés du Mont-Agel, et des collines verdoyantes de Laghet, les curieux, venus au nombre d'environ quinze mille, concentraient leurs regards sur un point minuscule : la plateforme du monastère.

Quittant l'ombre des sapins qui nous chantaient les beautés de la nature, nous pénétrâmes, par curiosité, sur la plateforme en question où la nature allait être maudite avec pompe.

M. Robaudy avait transporté là tout son attirail de Carnaval, bâti trois estrades meublées avec les chaises qu'il avait louées, juste auparavant, à Sébastien Faure, des pauvres chaises de jardin, en fer, comme on en voit dans toutes les guinguettes.

Sur la principale estrade trônait une petite statuette qu'on assure représenter une vierge, quoiqu'elle porte un petit enfant dans ses bras.

Devant cette statuette un peu indécente, nous devions voir, pendant une heure et demie, une cérémonie burlesque.

Des gens, couverts d'oripaux bizarres, jaunes, violets, rouges, dorés, argentés, coiffés de chapeaux carnavalesques, qu'ils mettaient et ôtaient à chaque minute, célébraient une messe spéciale. Un cardinal et l'évêque de Nice avaient des niches particulières, où, devant la foule des curieux, des messieurs en habit les habillaient, et déshabillaient, comme en loges d'acteurs, à chaque changement d'acte.

Heureusement, il faisait grand soleil, et il est peu probable qu'ils aient attrapé froid.

Il y avait bien autour d'eux cinq cents hommes déguisés en femmes, mais avec d'affreux vêtements.

Pour juger du comique, il faut s'imaginer cette foule chantant, se levant, s'agenouillant, se prosternant, aux sons d'une musique militaire et des clairons d'une société niçoise. Si ces gens avaient été convaincus, il aurait fallu les prendre pour des fous, mais ils ne donnaient pas cette impression ; ils avaient tous l'air comédien et manquaient de sérieux.

Ça se comprend !

Celui qui jouait le grand rôle portait une superbe robe rouge, avec une longue queue, que deux hommes soutenaient, à la manière des pages.

Avec sa face rasée et sa bouche édentée, il avait l'apparence d'une vieille ; l'évêque de Nice, qui avait une moins belle robe, ressemble plus à un homme : il a le sourire malicieux et aimable, sauf quand de laides dévotes veulent, à toute force, lui baiser les mains.

Il a suivi la représentation en maniant, avec une impertinente désinvolture, un élégant face-à-main.

Les autres évêques, il y en avait douze, étaient insignifiants : de simples supports d'ornements.

L'un d'eux a prononcé, avec une bonne diction, un discours où il s'efforçait de ne rien dire ; impossible d'y saisir une idée, un rudiment de pensée. Il nous a dit qu'il aimait beaucoup la Vierge-mère, parce qu'elle lui faisait obtenir tout ce qu'il demandait ; il n'y a pas d'erreur, c'est une bonne fille.

Il lui a annoncé, pour la récompenser par un petit cadeau, qu'il allait lui mettre sur la tête une couronne d'or, à condition, toutefois, qu'ils soient, lui et ses amis, couronnés d'honneur et de gloire.

Voici les paroles textuelles que j'extrais du *Phare du Littoral*.

« De même que vous êtes couronnée de nos mains sur la terre, ainsi puissions-nous mériter, par votre intercession, d'être couronnés de gloire et d'honneur par Jésus-Christ, votre fils. »

Sur ce, le cardinal et l'évêque de Nice essayent de mettre la couronne sur la statue ; ils ne peuvent la faire tenir ; la maman-vierge refuserait-elle le marché ? Un assistant passe du fil de fer, et, avec une pince, Mgr l'évêque la fixe énergiquement, aux applaudissements de l'assistance.

Finita la comedia.

Voilà ce que mes fonctions occasionnelles de reporter m'ont obligé de voir, mon cher Bovet, mais une autre fois, vous feriez mieux d'y envoyer votre nègre, plus compétent que moi en fétichisme et idolâtrie.

(Lutte Sociale.)

PLUS D'ARMEE

Dans certaines maisons, vastes et luxueuses demeu-
res de religieuses, maisons closes où le secret des
événements qui s'y passent est rarement, pour ne pas
dire jamais violé, on lâche, la nuit, dans les cours
et jardins, toute une meute de chiens de garde — non
pas des chiens aboyant à tous les bruits, mais des
chiens muets, dont les grognements sourds ne s'entendent qu'à quelques mètres — par contre, ils sont très
visibles, ce sont des molosses énormes et féroces ;
un régime et un élevage spéciaux a transformé ces
animaux domestiques en carnassiers farouches.

Au matin, des garçons armés de fourches, les ont
lentement fait rentrer au chenil.

Est-il arrivé jamais qu'un maraudeur ou quelque
visiteur indiscret soit tombé sous les pattes des senti-
nelles qui veillent sans défaillance sur la vertu et la
propriété des sœurs de tel ordre connu ?

Non ? soit : les fauves attendent encore leur proie ;
la chose est sinon à croire, du moins à souhaiter.
Dans le cas contraire, où les crocs des molosses au-

raient accompli leur fonction nocturne, il est probable que le public n'en aurait rien su ; les restes de la victime possible, c'est-à-dire ses souliers et son chapeau, n'étant guère vénérables, il serait de mauvais goût de les enterrer en grande pompe.

Le jour où, par accident, les fidèles gardiens des sœurs égorgeront un archevêque ou son neveu, il se trouvera certainement des gens pour protester et crier haro sur les criminels (les chiens, vous n'en doutez pas).

Chaque fois qu'il m'a été donné de voir, derrière leurs solides grilles, ces dogues à face de colonel, j'ai pensé que notre chrétienne nation, elle aussi, a dressé, pour se sauvegarder, une troupe redoutable et j'ai frémi au danger que nous courons tous, en la laissant déchaînée jour et nuit.

Tant qu'elle n'a dévoré que des ouvriers, des mineurs, des nègres, des Arabes, des Chinois, des Hovas, la nation n'a vu dans ces massacres que des motifs de se croire en sûreté, et longtemps les crimes des gens d'armes furent baptisés « exploits », leur férocité, « énergie », leur infamie « gloire. »

Le hasard qui livra à la meute militaire une victime bourgeoise et riche fit pousser un immense cri d'effroi. La bourgeoisie voulut faire lâcher prise à ses gardiens ; la besogne était périlleuse, et si les spoliés de la bourgeoisie n'étaient pas venus à son secours, on n'aurait plus retrouvé que le gibus défoncé de feu Loubet et les bottes à la Gallifet de l'ex-Waldeck-Rousseau. Heureusement pour ceux-ci, le peuple, qui a une dent légitime contre l'armée, leva de bon cœur la trique contre ses fusilleurs patentés.

Les risques courus par les braves qui arrachèrent Dreyfus à ses bourreaux firent la stupéfaction de tous les honnêtes gens, et naturellement se posa la question d'en prévenir le retour.

Les uns, à l'instar des religieuses, préconisent l'attache des dogues et de sévères punitions pour les fautes contre la discipline, c'est-à-dire pour les meurtres non autorisés.

Certains iraient même jusqu'à demander la mise hors de l'armée des assassins avérés, afin qu'elle ne compte que des assassins futurs.

Choisissant parmi les mieux dressés à la tuerie, ceux qui ont fait leurs preuves, les Gohier, Bertrand, de Pressensé feraient volontiers tomber sous le couperet de la guillotine les mufles encore sanglants des Galliéni, Marchand, Mercier, etc.

La bourgeoisie y perdrait ses meilleurs défenseurs, mais elle en retrouverait toujours pour les remplacer, puisque, vous le remarquerez, il n'est pas question de détruire le moule.

Qu'est-ce que le peuple y gagnerait ? La satisfaction de voir des boucs émissaires sacrifiés pour les péchés du militarisme ; c'est trop peu.

Qu'on demande aux populations soudaniennes si l'exécution des Voulet et Chanoine peut assurer la tranquillité, quand on continue à leur envoyer des bandes armées des outils de massacre les plus perfectionnés. Elles répondront justement : Mettez vos bouchers au Panthéon, mais ne nous en faites plus cadeau.

D'ailleurs, réprimer est toujours vain ; à un point de vue plus élevé, il est injuste de supposer la responsabilité des criminels ; c'est une thèse philosophiquement insoutenable. Laissons aux religions et aux militarismes le système erroné mais asservissant des récompenses et des punitions.

Les hauts faits de l'armée, aussi bien dans l'affaire Dreyfus qu'au Soudan et à Madagascar, n'ont étonné que ceux qui ne connaissaient pas l'armée ; pour les clairvoyants, elle a toujours été un danger social permanent.

En vérité, les bourgeois l'ont voulu telle, afin que leurs propriétés soient bien gardées, elle a tenu à ce que, pour son profit, chacun de ses soldats fût prêt à tuer ses père et mère et ses frères ; voilà trente ans que la République dresse cette meute à la chasse à l'homme.

Bien des indignations actuelles sentent l'hypocrisie ; ne font-ils pas, au moins, preuve d'aveuglement ceux qui proposent de museler ou d'abattre les gueules dangereuses, les coupables !

Coupables ? laissons le mot tomber en désuétude.

Dangereuses ? Elles le sont toutes ; c'est l'institution même qui les rend telles et par suite est seule à devoir être supprimée.

Une armée professionnelle est une monstruosité à notre époque ; on ne peut la corriger ni la civiliser, elle est par ses principes et par ses mœurs en opposition complète, en guerre ouverte avec la société civile. Comme l'a bien fait ressortir M. J. Benda dans la *Revue Blanche*, l'armée ne s'adaptera à la civilisation moderne qu'à l'état de cadavre.

Quiconque veut sincèrement la fin des forfaits militaristes, quiconque s'est rendu compte des cultures et des semailles qui ont donné la hideuse floraison des bestialités les plus basses et les plus raffinées, aboutit à la conclusion logique : plus d'armée !

Plus d'armée ! pas un bourgeois ne prononcera ces mots sans un frisson de terreur, car il n'y en a pas un qui ne sache que le peuple est maintenu en esclavage par la force des baïonnettes, uniquement.

Plus d'armée ! et l'exploiteur se voit à la merci de ses victimes.

Plus d'armée ! et tout l'édifice de l'iniquité s'effondre.

Plus d'armée ! c'est le capitalisme détruit, c'est la propriété individuelle disparue, c'est l'Etat suicidé, c'est le peuple libre.

Plus d'armée ! c'est une société s'organisant sans violence, c'est un rythme naturel harmonisant la production et la consommation, c'est un peuple vivant par le jeu normal de ses associations, syndicales et corporatives.

Plus d'armée ! c'est pour la bourgeoisie la plus épouvantable des hypothèses.

Mieux lui convient de conserver la bête féroce qu'elle espère museler, et rendre docile, qu'elle tiendra en laisse, qu'elle ne lâchera plus que contre le gibier habituel.

Par peur du peuple qu'elle a besoin de terroriser et de saigner de temps en temps, la bourgeoisie fera tout pour conserver l'armée ; et les fameuses sanctions que

réclament quelques révolutionnaires n'auront pour
effet et pour but, que de rendre à la meute honnie le
prestige perdu, de détourner d'elle l'attention et par
suite, le mépris et la haine. Mercier au bagne et l'armée
redevient la mystérieuse incarnation de l'abnégation,
du dévouement, de l'honneur. A l'abri de ce mensonge
remis à neuf, les mêmes crimes recommenceront. Les
dreyfusards sont à une bifurcation ; d'un côté iront
ceux dont les sentiments bourgeois sont irréductibles ;
dans l'intérêt de la société inique qu'ils veulent maintenir, ils accepteront l'armée comme une nécessité
honteuse.

Quant aux autres, aux intellectuels révolutionnaires,
ils seront amenés à constater qu'aucune civilisation,
aucune justice n'est possible dans une société où la
violence et le meurtre sont organisés, honorés, glorifiés sous la forme d'une armée permanente et professionnelle.

A bas le militarisme ! Plus d'armée !

(*Libertaire*, 4 novembre 1899.)

LES ASSASSINS

Je serai très heureux d'avoir l'avis des lecteurs de
la Lutte Sociale sur les cas suivants, très différents les
uns des autres, mais qui ne sont pas sans rapport.

Le premier est une fable, les autres sont de la réalité
vivante : ce sont des histoires d'assassins.

Voici la première, en deux mots :

Un monsieur crée un monde de toutes pièces, terre,
mers, ciel, végétaux, animaux, les hommes compris.

Ces derniers, jouets de la toute-puissance du créateur, vécurent avec les sentiments et les idées fabri-
qués à leur usage ; leur créateur ne s'en irrita pas
moins contre certains, et ce lui fut motif suffisant pour
les noyer tous sauf un nommé Noé, et sa famille,
qui ne fut épargné, ainsi que sa postérité, que pour
subir des peines éternelles. Ce monsieur créateur fut
appelé par les hommes, ses victimes, le Père Tout-
Puissant, Dieu de Bonté et de Miséricorde !

C'est une fable ; nous sommes d'accord, mais c'est
le conte féroce dont fut bercée l'humanité, selon la
jolie expression de Jaurès ; ne nous étonnons pas si

notre humanité eut une enfance triste et misérable. Au moins peut-on trouver dans la réalité des consolations à de tels cauchemars ? Non.

Après la lecture de la bible féroce, l'enfant peut ouvrir le livre où est racontée l'histoire de ses aïeux et sa jeune sensibilité, bien que déja accoutumée à l'épouvante, y trouvera encore de quoi frémir douloureusement ; toutes les pages sont tachées de sang, il n'y est question que de tortures et de massacres.

Est-il un coin de cette terre de France, où la gloire du Père tout-puissant, Dieu de bonté et de miséricorde, n'ait été consacrée par des persécutions sanguinaires, des tueries, des bûchers ? Les Vaudois, les Albigeois, les Protestants, les Juifs, les Libre-penseurs, les savants, les Jacques furent égorgés avec tous les raffinements que put inventer l'imagination chrétienne.

Plusieurs millions d'hommes périrent ainsi, de mort violente et affreuse ; la Révolution mit une trêve à ces horreurs : en 1793, la race des victimes se vengea quelque peu et vainement des souffrances subies pendant tant de siècles de Terreur.

C'est le passé ; tel il fut en France, tel il fut à peu près partout en Europe.

Et le présent ?

Il est aussi horriblement sanglant que le passé. A deux jours de voyage de Nice, en Arménie et en Turquie, un sultan, possédé de fureur tout autant que le Dieu de bonté sus-nommé, ordonna et fit accomplir avec une rage sauvage le massacre de trois cent mille de ses sujets en 1897 ; et, comme toujours, les victimes furent suppliciées d'atroce façon : les femmes violées puis éventrées à coups de fusil, les enfants coupés en quatre sur les genoux de leur mère enchaînée... on ne peut relater les monstruosités commises par ordre du sultan sans que le cœur des plus insensibles ne se déchire, sans que les bouches les plus barbares ne poussent un cri d'horreur : les assassins seuls pourraient se retenir de riposter.

Ce sultan est l'ami du pape, il a pour ami la reine d'Angleterre, Guillaume de Prusse, le czar, le gouvernement français !

Que faudrait-il donc qu'il fasse pour que l'humanité crachât son mépris et sa haine et rejetât enfin de son sein l'ignoble assassin Abd-ul Hamid ?

En Russie, personne ne nie les barbares traitements infligés aux prisonniers politiques, les mines de Sibérie peuplées de tout ce que la Russie compte d'hommes de cœur et de pensée libre. L'an dernier a vu l'extermination des Doukobors, coupables simplement de refuser le service militaire, l'apprentissage de l'assassinat.

On a encore présent à l'esprit les exploits des tortionnaires de Montjuich ; mais, là du moins, l'humanité eut un cri de protestation efficace et les bourreaux de la chrétienne reine Christine et de son fidèle Canovas n'osèrent pas récidiver.

Et en France ? Hélas, les égorgeurs et les tortionnaires ne conaissent pas les frontières, ils sont tous frères en Jésus-Christ.

La R. F., elle aussi, a pour ses enfants des entrailles de Père tout-puissant, elle les soumet avec amour à ses lois scélérates, et ses bourreaux valent ceux de tous les pays ; les trente mille cadavres de la Semaine sanglante marquèrent son avènement ; Nouméa, Cayenne ont un sinistre renom toujours mérité, et l'on torture encore tous les jours à Biribi, dans les cachots de Brest, dans la citadelle d'Oléron, dans les cellules du Fort-Barreau.

Tous les ans, les casernes ont leur contingent de martyrs ; témoins cette année, Sonneville à Lille, et, ce mois-ci, Bernard à Epernay.

Nous ne parlerons pas aujourd'hui des cruautés et des vices des couvents et des écoles chrétiennes.

Notons pour mémoire, l'esclavage rétabli aux colonies, au profit de nos officiers et les crimes indéniables dont on les accuse journellement. Il y a là matière à dix volumes.

A Nice même, ville de plaisirs et de fêtes, les tristesses humaines ne manquent pas.

La Ligue des Droits de l'Homme a eu à s'occuper, dans une de ses dernières séances, d'une des malheureuses victimes de la férocité officielle. Gualducchi, c'est son nom, évadé du *domicilio coatto*, engagé à la légion étrangère de France, imprimeur et directeur de journal à Lausanne, impliqué à tort dans l'affaire Luchéni, fut affreusement torturé dans les prisons de Genève ; il fut mis en croix le long d'un mur et roué de coups ; pour lui faire avouer des faits dont il fut reconnu innocent, ses bourreaux lui arrachèrent les ongles des pieds. Acquitté par le tribunal, le malheureux, le corps meurtri et sanglant, couvert de plaies et de rhumatismes, fut expulsé de Suisse et vint s'échouer à Nice, d'où il comptait s'embarquer pour la

Tunisie ; saisi par la police française, fidèle servante des tortureurs internationaux, il fut jeté en prison, où il est encore, en proie aux douleurs morales et physiques.

Son sort est maintenant en suspens, nous nous contentons de signaler le fait à la conscience des honnêtes gens.

Nous avons voulu indiquer le lien qui unit tous ces forfaits ; ces rapprochements sont une ample matière à réflexions.

Je demande aux lecteurs de *la Lutte Sociale* de dire hautement ce qu'ils pensent de ces abominations et ce qu'ils comptent faire pour s'y opposer.

Jusqu'à présent, on a toujours laissé faire les Assassins, quelques-uns même les ont priés de continuer.

Les barbares ont toujours eu beau jeu ; au tour des civilisés d'affirmer leur volonté.

(*Lutte Sociale*, 14 janvier 1900.)

NATIONALISME

Les réactionnaires ont maintenant pris le nom de nationalistes ; malheureusement pour eux, leur nouveau masque n'est pas sans laisser passer leurs longues oreilles d'animaux rétrogrades. Ils ont fondé une ligue dite de la *Patrie française*, et grâce aux richesses volées au peuple par les capitalistes qui envoient des cartes de visite dans des chèques de deux cent mille francs au pauvre Déroulède, cette ligue compte *faire* les élections et s'emparer du pouvoir, si les républicains ne s'organisent pas pour la défense.

Qu'à la mauvaise république que nous avons succède une plus déplorable monarchie, je crois que les progrès du socialisme n'en continueraient pas moins et que l'avènement de la Sociale en sera non pas entravé, mais seulement rendu plus violent.

Ne gaspillons donc pas outre mesure nos énergies pour protéger le syndicat qui a porté M. Loubet au pouvoir contre les atteintes du syndicat de la *Patrie française* ; il est à souhaiter qu'aucun de nous ne soit dupe ni de l'un ni de l'autre, et que le peuple apprenne à se débarrasser de tous ces parasites politiciens.

Ceux qui ont fait les lois scélérates et ceux qui veulent ressusciter celles de l'Inquisition sont bons à mettre dans le même sac, et le sac à la mer.

Les opportunistes, comme les radicaux, les bonapartistes et autres vieux partis,, sont assez connus du public pour que personne ne s'y trompe, mais les nationalistes sont nouveau-venus et n'espèrent rien de mieux que de passer pour ce qu'ils ne sont pas.

Demandons-leur donc leur programme et examinons non seulement ce qu'il y a dedans, mais aussi ce qu'il y a dessous.

Tout d'abord, les nationalistes se disent républicains.

Jules Lemaître, leur chef, déclare qu'il faut supprimer le parlementarisme, mais non la république. (Discours de Jules Lemaître du 15 janvier 1900).

Or, dans ce même discours, on lit : « Il nous a été donné, il y a quinze jours, de faire l'essai le plus heureux de nos forces naissantes en collaborant à l'élection d'un citoyen excellent. »

Ledit *excellent* est un pur royaliste clérical, élu dans l'Ardèche, contre le républicain Seignobos.

Ainsi, c'est en faisant élire un parlementaire royaliste que les nationalistes entendent détruire le parlementarisme et sauver la République.

C'est un peu louche, un tel programme et de tels actes. M. Lemaître ne peut dire le contraire ; il prévoit l'objection, et s'en tire en jésuite ; écoutez l'argument : « Et puis, je le répète, nous sommes unis moins par un programme que par un sentiment, ce qui vaut mieux et ce qui est plus sûr. »

Le sentiment est commode, ça évite de raisonner ; point besoin d'être intelligent pour être nationaliste, il n'y a qu'à ne pas comprendre.

Quitte à nous fermer à jamais le paradis nationaliste, essayons de comprendre ce fameux sentiment qui dispense de toute explication.

C'est la haine de tout ce qui est étranger et par suite l'amour du sol natal et de son histoire ; c'est le respect de l'armée ; « c'est le sentiment des liens de solidarité qui unissent tous les habitants du même sol et, à travers le temps, les générations d'un grand peuple. »

Le patriotisme, ainsi compris, est un triste et bas sentiment ; il est évidemment en contradiction avec la raison — ceci nous suffit pour avoir la certitude que nous avons la bonne interprétation.

Ces messieurs veulent avoir la propriété exclusive du territoire de leur patrie et des sujets de leur nation.

A l'heure où des peuples se tendent des mains fraternelles par-dessus les frontières, les nationalistes exaltent un sentiment réactionnaire, c'est logique.

Cherchons la conclusion qu'ils entendent donner à ce sentiment.

« *Gallia Gallorum erit !* » s'écrie le Paul Déroulède, comme avant J. César, sans doute ! Le pauvre homme dépasse les bornes permises du réactionnarisme.

Admettons, cependant, que le susdit Paul, au mépris de la langue française, ait simplement voulu exprimer la devise chère à son complice Guérin : « La France aux Français. »

Reste à définir ce qu'ils entendent par *Français*.

Ils refusent cette qualité aux sénateurs, aux députés, aux francs-maçons, aux libres-penseurs, aux protestants, aux Juifs.

Ils la refusent ausi aux partisans de tous les précédents.

Aux amateurs de statistiques d'établir d'après ces données, combien il y a de Français en France selon l'Evangile nationaliste.

Mais ce n'est pas tout ! j'allais oublier l'apôtre frigide, l'ironiste Maurice Barrès, qui s'amuse tant aux dépens des fidèles et leur déclare sous le nez qu'il a pour eux « réconcilié l'orgueilleuse raison avec l'instinct des humbles ». Celui-là n'hésite pas à affirmer qu'il est urgent de retirer les droits politiques aux *naturalisés trop récents qui n'ont pas nos instincts séculaires*.

Apprenez d'après lui « les *grandes vérités* qu'une douloureuse convulsion vient de restituer à la Société française » : 1° les préjugés nationaux contiennent la sagesse même, 2° ce n'est pas tout d'avoir l'esprit, il faut encore avoir les mêmes aïeux.

— Niçois, mes amis, nous, qui n'avons pas les instincts séculaires, ni les mêmes aïeux que M. Barrès, nous ne pourrons pas faire partie de la Patrie française avant 1960, et encore nous faudra-t-il, d'ici là, prouver que nous sommes des bons catholiques et césariens... républicains.

En attendant, nous sommes de la tourbe des sans-patrie, et je remarque que nous nous en portons pas plus mal.

Acclamons, avec ceux qui ont perdu l'habitude d'écouter l'instinct, unique impulseur de l'humanité sauvage, acclamons l'internationalisme des travailleurs et la république sociale universelle.

Nos aïeux de l'époque des cavernes rougiraient peut-être de nous, mais nous avons encore dans le sang et dans les mœurs assez d'impulsions ataviques et de brutalité ancestrale pour les consoler de notre trahison en faveur de là raison et de nos aspirations à une humanité supérieure.

Soyons les hommes du présent en marche vers l'avenir : le passé ne vaut pas un regard de nous.

(*Lutte Sociale.*)

UN APOLOGISTE DE DEROULEDE

Un journal qui fut naguère républicain, mais qui
est devenu déroulédiste, où M. Raiberti prétend n'a-
voir aucune influence, ce qui n'empêche pas ce journal
d'avoir beaucoup d'actions sur lui, *l'Eclaireur de Nice*,
enfin, entretient, royalement je l'espère, un insulteur
d'ouvriers dont la perfidie égale la grossièreté.

Il sied à ce vulgaire sire, du haut de ses illusions
nobiliaires et de ses grades universitaires, de mépriser les travailleurs de l'atelier et de l'usine : Jean de
Malguénac est un nationaliste clérical.

La haine du peuple inspire sa verve triste, sa littérature fielleuse et rance ; il a une maladie de cerveau, comme d'autres ont une maladie du foie : il
secrète une pensée bilieuse. Le lecteur qui, au début
de ses écrits, se serait laissé aller à un mouvement
d'indignation ou de dégoût, s'apaise vite dès qu'il
comprend qu'il a sous les yeux les élucubrations
rageuses d'un malade ; il a la sensation pénible qu'il
entend la plainte d'un infirme, et devant cette détresse
de cœur et de cerveau qui se révèle sous la plume de

Jean de Malguénac, un sentiment de pitié s'impose
Cet écrivain est méchant, mais il est malheureux.

Les valets de la bourgeoisie, qui reçoivent salaire
pour veiller avec fidélité et courage, sur l'agonie de
la vieille société, font loyalement leur métier sinistre,
mais ils sont privés de joie ; ce sont forcément des
désespérés, les portes du radieux avenir sont closes
pour eux ; ils n'ont de perspective que celle du cime-
tière où gisent les régimes passés et où celui qu'ils
servent a déjà sa place marquée.

Les beautés d'un idéal de justice, d'égalité et de
fraternité éclairent et réchauffent les esprits socialistes.

Un tel espoir les pousse vers l'avenir que, malgré
les duretés du présent qui pourraient tant refroidir
leur ardeur, ils marchent d'enthousiasme, chantant le
bonheur entrevu et fiers de contribuer par leur intelligence et leurs muscles au grand œuvre révolution-
naire.

Ce qui les inspire, c'est l'amour de l'humanité.

A travers tous les dissentiments de doctrine, dissentiments qui prouvent le travail de pensée et la sincérité des convictions, ils sont tous unis dans le même
désir de fonder le bonheur humain.

Et pour y arriver, il leur faut bien envisager la
destruction des obstacles, puisque la future maison
des hommes sera bâtie sur les ruines des religions,
du capitalisme et de toutes les puissances du mal qui
reposent sur le principe autoritaire.

Il est aussi naturel que tous ceux qui profitent de
l'iniquité sociale actuelle, qui bénéficient des servi-

tudes et des tortures que l'autorité inflige à ses victimes, qui étant riches parce que la misère pèse sur
le peuple, veulent continuer à imposer à celui-ci une
vie de galériens, il est naturel, dis-je, que tous ces
complices du crime social se sentent envahis par la
terreur et la colère, chaque fois qu'ils constatent que
l'aurore du règne de la justice est proche : quand le
peuple secoue ses chaînes, ils entendent comme un
bruit de glas.

Ils voient les efforts que font les classes laborieuses,
comme les appelle dédaigneusement Jean de Malguénac, pour s'organiser afin d'améliorer leur sort
et l'écrivain-valet des bourgeois reçoit l'ordre de prouver aux travailleurs qu'ils sont bien assez heureux
comme cela. « Ce que vous gagnez, leur dit-il, est bien
assez pour vous ; vous êtes des brutes dont les besoins sont limités, et vous avez la prétention d'être
payés autant qu'un fonctionnaire ! Tenez, vous êtes
des ingrats, et si jamais les classes laborieuses, si tous
ceux qui travaillent et produisent arrivaient à gagner
autant que les classes fainéantes, autant que ceux qui
ont l'habitude de jouir et consommer sans rien faire,
ce serait épouvantable, ce serait la fin de tout. »

« Ouvriers ! s'écrierait volontiers l'homme de l'*Eclaireur*, cessez d'améliorer votre sort, ayez pitié des pauvres millionnaires, des infortunés budgétivores, épar-
gnez à vos patrons le sort précaire et misérable qui
ne convient qu'à vous ! » Jean de Malguénac est trop
jésuite pour dire de si franches paroles, mais il est
indispensable qu'il les pense.

Le malheureux ne trouve à dire que des injures :

il traite d'animal et d'espèces amphibies les ouvriers
que la conscience de leur idéal a rendus éloquents,
que les longues heures d'études sous la lampe ont
rendus instruits, qui ont conquis les notions de vérité
qu'ils se font un devoir de répandre parmi leurs frères ; il appelle grimace et pitreries leur propagande
en faveur de la dignité humaine et de la justice sociale ;
il qualifie d'ivrognes et de maquereaux les pionniers
du socialisme. Ah ! le pauvre homme ! « Le pauvre
homme ! me dit un camarade moins placide que moi,
vous avez tort de ne pas le croire dangereux. Le pauvre homme en question a du sang de chacal dans les
veines, il insulte le peuple, mais il exalte l'armée parce
que le capitalisme compte sur elle pour maintenir ses
injustes prérogatives, ses privilèges régaliens, et ce
M. de Malguénac espère aussi une joie ; croyez-moi,
il rêve la guerre civile, et ceux qu'il insulte, il les
marque aussi pour les futures tueries ; son idéal est
de piétiner un jour les cadavres des penseurs d'idées
libres ! »

En attendant la réalisation de ses rêves esterhaziens,
ce monsieur ne dédaigne pas d'émarger au budget de
l'instruction publique, car il n'est pas seulement journaliste atrabilaire, il fonctionne au lycée de Nice.

Ne vous étonnez pas, la République est pleine de
faveurs pour ceux qui la trahissent; mais croyez-vous
qu'il ne soit pas pénible de savoir l'éducation des
jeunes cerveaux confiée à cet ennemi du progrès ?
Il dresse les jeunes bourgeois à la haine du peuple ;
il prépare la meute pour le jour de la curée. Il le fait
d'ailleurs avec cynisme ; il fait parfois consister son

cours dans une apologie du flétri Déroulède, du massacreur de 1871 : il a plein les poches de petites affiches portant « Vive Déroulède » et les colle luimême sur les murs de sa classe, à la grande stupéfaction des élèves !

Ce philosophe a la sagesse de passer tous les mois à la caisse de la République qu'il injurie tous les jours !

— Oh, alors, très bien : soyez fiers d'avoir été insultés par ce noble monsieur !

LE PERIL CLERICAL

Il y a *quatorze cent soixante-huit* ordres religieux dans notre république dite laïque.

Dans le seul diocèse de Nice, on compte *quarante-trois* communautés religieuses occupant *soixante-et-onze* couvents.

Dans les caisses de ces congrégations vont s'enfouir les économies des pauvres et le superflu des riches qu'une crédulité aveugle livre sans défense aux griffes des hommes noirs. Les moyens employés par les Jésuites pour soustraire l'argent des fidèles contiennent tous les éléments constituant l'escroquerie — et mènent au bagne ceux qui s'en servent sans être tonsurés.

Ils sont passés maîtres dans l'art de capter les testaments.

Dans la cellule d'un seul moine, une récente perquisitioin fit découvrir, à côté de *deux millions* en espèces, *onze testaments !* Cette pratique malpropre ne leur suffit pas ; ils en ont inventé une plus perfectionnée et plus ignoble : Dans les familles où ils peuvent pénétrer, ils jettent adroitement la division et la haine ; ils circonviennent les vieillards et les persuadent d'avoir à se méfier de l'ingratitude probable de leurs enfants ; ce mot d'ordre que nous extrayons d'une de leurs circulaires révèle leur cynisme et leurs manœuvres : « On oublie trop que bien plus prudent est de donner de son vivant, les héritiers exécutant mal la volonté des morts ! » Conclusion : confiez aux moines vos valeurs aux porteurs afin qu'après votre décès les saints hommes disent des messes à votre intention et vous sauvent du purgatoire.

Il est absolument impossible de calculer les résultats de cette escroquerie, mais on peut l'imaginer étant donné que ces machinations ont le monde entier pour théâtre.

Les exemples précédents sont suffisamment édifiants, il y en aurait cent autres à citer ; je ne parlerai pour en finir que du pain de saint Antoine de Padoue. C'est, parmi les abus de confiance, le plus typique.

Laissons les pères nous expliquer l'opération : « Tandis qu'en général on prie les saints, et qu'une fois exaucé on ne se soucie plus de celui qu'on a prié, saint Antoine de Padoue *permet* la reconnaissance : on demande et on dit merci. A titre de remerciement, on peut offrir une journée de pain de dix francs, ou bien la journée de pain à perpétuité, trois cent quarante francs. » C'est par foule que les esprits abêtis par l'église, crédules comme des enfants, sollicitent l'intervention d'Antoine de Padoue pour la réussite de leurs trafics, de leurs amours et de toutes les lubies de leur cerveau gâté. Ces malheureux fétichistes priveraient de pain leurs enfants et eux-mêmes pour ne pas manquer de reconnaissance à feu Antoine de Padoue !

Pendant ce temps-là, les moines s'engraissent et rient à leurs dépens.

C'est de l'argent facilement gagné, je veux dire volé ; le métier de cambrioleur, outre qu'il rapporte moins, est beaucoup plus difficile et certainement moins lâche.

Il serait honteux de ne pas protester contre de tels agissements, même si les cléricaux employaient utilement les millions criminellement acquis ; mais ces millions produits par les travailleurs, ne leur retournent pas d'une manière profitable ; ils servent à les opprimer, à les jeter dans les servitudes économiques et morales. En effet, les grosses masses d'argent donnent à ceux qui le manient une véritable souveraineté.

C'est en criant « Mort aux Juifs ! » que la race exécrable des cléricaux s'est partout en France emparée des meilleurs domaines et d'une grosse partie des richesses immobilières. Partout où ils s'installent, ils débutent sans le sou et, moins de dix ans plus tard, ils sont les plus grands financiers de la région.

Tous les grands capitalistes, juifs ou chrétiens sont des hommes dangereux, car ils ont la puissance de nuire, ils tiennent en main la ruine et la vie d'une masse de gens que rien ne peut les empêcher de les sacrifier à leurs intérêts.

Le péril est toujours grand de résister à un riche, lorsque ce riche est une communauté plus ou moins occulte, pourvue de moyens d'action spéciaux, ayant des complices un peu partout. La lutte est impossible. On a vu des départements où les ouvriers, les commerçants étaient libres-penseurs, prendre tout à coup l'apparence d'une région cléricale. L'étonnement cesse quand on remarque que les nouveaux patrons d'usine sont des habitués d'église, que la confrérie de *Notre-Dame-de-l'Usine* a pris un développement obligatoire, qu'à la suite de grèves savamment provoquées, militairement réprimées, les ouvriers ont dû faire acte de catholiques pour trouver du travail, que les commerçants non affiliés ont été mis en quarantaine, acculés à la faillite par un concurrent plus jésuite.

La dictature de l'église s'est déjà étendue aux administrations de l'Etat, elle règne dans l'armée, où l'officier qui ne va pas à la messe est un paria, dans la marine, tout entière vouée à saint Michel, par nos amiraux de sacristie, dans la magistrature, devant laquelle le fait de ne pas croire à la virginité de la femme du charpentier qui fut mère du Juif Jésus, vaut au blasphémateur trois mois de prison à Marseille et un mois au Havre.

Les Jésuites détiennent la presse par laquelle ils pervertissent l'esprit de la nation ; ils possèdent le plus grand nombre d'établissements d'enseignement par lesquels ils s'emparent de l'enfance et la flétrissent à jamais.

Quel sera le résultat de la formidable conjuration cléricale dans dix ans, dans vingt ans ? Que restera-t-il de nos libertés, de nos espoirs d'avenir, de nos vies à nous qui ne voulons, qui ne pouvons plus incliner nos fronts devant le gibet d'un malheureux agitateur?

Le progrès des idées n'est pas seulement compromis ; il nous faut lutter pour éviter un retour en arrière, un plongeon dans les ténèbres du moyen âge.

Il n'est plus permis à personne se disant républicain ou simplement démocrate, de ne pas s'alarmer devant le péril clérical.

Depuis l'époque où Gambetta prononçait son fameux et prophétique : « *Le cléricalisme, voilà l'ennemi !* » la situation ne s'est pas améliorée, car les successeurs du tribun ont fermé les yeux sur la conspiration noire et le peuple s'est endormi, trop confiant dans les mauvais bergers, dans une quiétude qui a favorisé l'envahissement de l'ennemi ; il n'est plus à nos portes, il est dans nos murs.

Nous savons que sur l'initiative de quelques citoyens, une ligue est en formation pour la défense de la société laïque et pour la propagation des principes de la morale scientifique ; il importe que son succès soit grandiose afin que son action soit puissante. On annonce des centaines d'adhérents, c'est insuffisant ; c'est par milliers que doivent se lever les défenseurs de la liberté en péril ; c'est par milliers que les Niçois, militants pour la bonne cause du progrès humain, répondront à l'appel que la ligue publiera prochainement, car là est le devoir présent.

(*Lutte Sociale*, 11 février 1900.)

LES RETRAITES OUVRIERES

Après dix-neuf siècles de christianisme, on vient de s'apercevoir qu'il est indigne de la civilisation de laisser les vieillards mourir de faim.

C'est au socialisme que nous devons ce progrès. — Ainsi, après un demi-siècle de propagande, à travers les persécutions les plus sanglantes, le socialisme a fait éclater cette vérité qui ne peut périr : les pauvres ont droit à la richesse sociale.

Oui, en 1901, on aura fini par convenir en ґrance que l'ouvrier qui toute sa vie a produit sans relâche doit être secouru quand, ayant usé ses forces, il ne peut plus gagner son maigre salaire.

La proclamation de ce principe dans les milieux bourgeois et parlementaires peut avoir une importance capitale, si nous ne laissons pas escamoter son application.

En effet, Waldeck-Rousseau et ses complices n'entendent donner à l'opinion publique éclairée par le socialisme qu'une apparente satisfaction.

Les vieux ouvriers ont droit à une retraite, c'est entendu, ils l'auront, soyez-en certains, mais qui la paiera ?

Ceux qui détiennent la richesse produite par les travailleurs, disent les socialistes.

Non, leur répond Waldeck, je ne veux pas toucher au capital ; c'est sur les salaires qu'il faut prélever les pensions à donner aux salariés.

Comme ironie on ne peut trouver plus fin ni plus odieux ; Waldeck feint de croire que les salaires sont si élevés, si excessifs qu'il faut prélever dessus le capital nécessaire à constituer une retraite pour la vieillesse.

Il sous-entend que si l'ouvrier le voulait bien, il ne dépendrait que de lui de finir ses jours en rentier ; mais voilà, il est si négligent, si dépensier, qu'il lui faut une bonne loi coercitive, une sorte de livret d'épargne obligatoire pour que cette bête stupide qu'on nomme ouvrier arrive à toucher une retraite.

L'Etat, lui, est un ange gardien, tous les jours il veut bien se charger de prendre dans la poche de l'ouvrier les sous que celui-ci oublie d'économiser et qu'il gaspille en folles orgies.

C'est dans cette pensée de vertu et de dévouement qu'est conçue la grande loi sur les retraites ouvrières qui doit ranger le doux Waldeck au nombre des bienfaiteurs de l'humanité.

Nous aurons sa loi, il y en a tant déjà, qu'une de plus ou de moins ne nous gênera guère ; le principal est que nos maîtres aient reconnu que nous avions raison et qu'à la charité chrétienne se substitue le droit du pauvre à la vie.

Ils reconnaîtront le droit à l'assistance, mais en faisant retomber tout le poids de la réforme sur ceux qui doivent en profiter. Ils en seront pour leur machiavélisme.

S'il est juste que la société nourrisse ceux qui ont passé leur vie à l'enrichir, il est injuste de leur en faire payer d'avance les frais.

Parce que les bourgeois capitalistes prétendent que leurs terres et leurs capitaux ont besoin d'être défendus par une armée nombreuse, ils trouvent bon de mettre l'entretien de l'armée à la charge de la nation, c'est-à-dire de la société.

La logique nous oblige à leur faire remarquer qu'une nation n'a pas seulement besoin d'être défendue, elle a aussi besoin d'être logée et nourrie. — Elle en a même besoin tous les jours, tandis que l'armée ne lui sert pas dix fois par siècle, et la vend aussi souvent qu'elle la protège.

Entre un ouvrier qui a pendant cinquante ans contribué à la vie nationale, créé et produit avec tous ses concitoyens et le militaire professionnel qui a vécu en parasite, consommé et détruit inutilement, il nous semble que la reconnaissance de la société doit aller au premier et que tous, nous lui devons bien quelques bribes de l'abondance qui est son œuvre.

Les sociétés de secours mutuels n'obtiennent pas un succès plus grand, malgré les faveurs officielles, parce qu'elles sont basées sur une fausse solidarité et une vraie injustice.

Il est injuste en effet, que la rente des travailleurs ne soit pas prélevée sur le total de leurs productions, mais seulement sur le salaire qui n'en est souvent qu'une infime partie.

D'autre part, la solidarité de tous les membres d'une nation, unis par des intérêts communs, associés véritablement, ne peut être parcellaire, elle est forcément générale ou elle n'est pas.

Les petits groupements qui prétendent limiter leur solidarité à leurs membres, se déclarent indépendants du reste de leurs citoyens, ils font acte d'égoïsme étroit et hypocrite, et surtout ils sont dans l'erreur.

Les sociétés de secours mutuelles ne peuvent exister et avoir une raison d'être que dans un état anti-social où les citoyens sont en guerre les uns contre les autres, où il y a des maîtres et des esclaves, des exploités et des exploiteurs, où règnent la discorde, la violence et l'injustice. Dans une société équilibrée, où chacun des membres a contribué à la prospérité générale, la solidarité n'est que l'expression de la vérité et c'est toute la nation qui paiera à ses vieux serviteurs, avec joie et reconnaissance, le pain de leurs derniers jours.

(*Lutte Sociale*, 16 juin 1901.)

LES DROITS DES OUVRIERS

Les ouvriers ont-ils des droits ? Oui, en théorie, non en pratique.

Oui, car ils ont fondé la République, et par trois fois, ils l'ont sauvée : des attaques de la réaction, lors du 16 mai, du boulangisme et du nationalisme.

La République leur doit tout, il était naturel qu'elle leur reconnût quelques droits.

Il en fut ainsi sur le papier et dans les discours officiels. Mais la réalité dit : non, les ouvriers n'ont pas de droits.

Livrés sans défense au pouvoir patronal, ils doivent accepter le salaire qu'on veut bien leur donner, sous peine de renvoi, c'est-à-dire de famine, et ils doivent l'accepter avec respect, avec servilité, quels que soient les mépris et les affronts dont le patron assaisonne le salaire qu'il ne leur laisse qu'à regret.

A côté du patron et le protégeant, se dresse menaçant le pouvoir politique ; celui-ci n'admet de l'ouvrier qu'une attitude : l'obéissance passive.

Partout où il y a des ouvriers,, l'Etat décuple sa

police, bâtit des casernes, concentre les garnisons de cavalerie.

Pour l'Etat, l'ouvrier est l'ennemi.

Qui donc l'Etat défend-il, en faveur de qui tire-t-il son grand sabre et charge-t-il le fusil Lebel de ces fines balles de nickel ? — La réponse s'impose : l'Etat protège le patronat. Et cependant l'ouvrier a des droits ! Ils sont écrits dans la loi.

Il a le droit de se concerter sur la défense de ses intérêts, il a le droit de faire grève !

Les ouvriers niçois savent ce qu'il en coûte de vouloir exercer ces droits.

Tant qu'ils se syndiquent pour faire bénir un drapeau, organiser des bals et des beuveries, aux frais de la mairie ou d'un gros bonnet quelconque, ils sont tolérés, et même on leur fait cadeau d'un chenil.

S'occupent-ils de leurs intérêts, s'aperçoivent-ils que ces intérêts diffèrent de ceux des patrons ou de tels de leurs protecteurs, oh ! alors, la scène change !

En avant, police, armée, juges ! Les Bourses du Travail sont prises d'assaut et on remplit les prisons.

Et l'ouvrier de protester : « J'ai le droit de me réunir, mon syndicat est une personne civile, vous violez la loi ! »

Et le policier qui a reçu des ordres du patronat, frappe sans répondre, mais s'il avait la faculté de parole, il pourrait répliquer : « Je supprime ton droit parce que tu as jeté une bouteille vide par la fenêtre, ou un encrier, au choix de mon imagination ; je t'emprisonne parce que tu chantes ou parce que tu ne marches pas assez vite dans la rue, ou parce que tu m'as manqué de respect, ou parce que tu entraves la liberté du travail ! »

Ou ceci, ou cela, car tout est bon pour légitimer l'arbitraire de ceux qui disposent de la violence ou protègent le capital.

D'ailleurs, sans recourir au coup de force ou au coup d'Etat, ce qui ne va pas sans quelque bruit et peut réveiller des gens qu'on veut endormir, la bourgeoisie sait parfaitement annuler les droits légaux qui la gênent.

Les ouvriers qui désirent s'assembler pour l'étude et l'amélioration de leur sort n'ont à choisir que la place publique ou la salle de réunion.

La place publique leur est interdite par la violence organisée qu'on appelle la police.

Les salles de réunion leur sont fermées, parce qu'elles appartiennent nécessairement à des propriétaires qui se gardent bien d'offrir asile à des adversaires et des victimes du capital.

Les locaux municipaux ne leur sont accessibles qu'aux conditions les plus avilissantes et au prix de leur indépendance.

Et cependant il y a une loi sur la liberté de réunion, une autre sur la liberté d'association, une autre sur les syndicats professionnels, etc.

On voit ce qu'elles valent.

Le devoir des ouvriers est de ne pas se faire d'illusion, les droits qu'on a eu l'air de leur accorder, on ne les leur a donnés qu'à condition qu'ils ne s'en serviraient pas.

Force leur est de ne pas compter sur la protection de la loi, elle leur fera toujours défaut, l'armée ni la police ne marcheront jamais contre les patrons ; les patrons sont infaillibles et leur personne est sacrée. Ils ne connaissent du Pouvoir-Etat que les décorations, subventions, et autres faveurs et n'observent les lois que lorsqu'elles leur profitent.

Dans son conflit, le patron a toujours raison, l'ouvrier toujours tort, c'est réglé d'avance, ça ne se discute pas.

Que les travailleurs se décident enfin à ne compter que sur eux-mêmes ; les violences et les habiletés de leurs adversaires portent en elles leur enseignement et leur stimulant ; qu'ils s'éduquent, s'organisent, acceptent la lutte avec courage et dignité, avec patience aussi.

Eux seuls, abandonnés à eux-mêmes, que peuvent-ils ? Ce qu'ils peuvent ! Que ceux qui posent cette question veulent bien en changer les termes et se demander ce que pourraient, abandonnés à eux-mêmes, tous les déserteurs du capital et ses tristes défenseurs.

En fait, les ouvriers n'ont pas de droits, ils n'ont que des pouvoirs, entr'autres le droit de vie et de mort sur la société.

(*Le Réveil Ouvrier*, 14 janvier 1904.)

NOTES ET PENSEES

Il ne faut faire de mal à personne, surtout à soi.
Or., faire un sacrifice à quelqu'un implique que c'est à
son propre détriment.

Celui qui fait un sacrifice est un méchant.

Faire un sacrifice à quelqu'un, c'est lui faire une
suprême injure, l'avilissante aumône de soi, l'établissement d'une sujétion de débiteur à créancier, le lasso
jeté au cou de l'objet du sacrifice.

Le premier devoir est de refuser, et si on ne le peut
l'ingratitude devient un devoir.

Certains actes semblent des sacrifices, qui ne le sont
point, parce qu'on les fait avec plaisir, avec joie —
ceux-là sont acceptables et n'entraînent aucune reconnaissance, aucune sujétion.

Le donateur et le donataire conservent l'attitude
d'hommes libres et peuvent encore se parler franchement et sans gêne ou hypocrisie.

Le seul point sur lequel tous les hommes soient
égaux, c'est justement que chacun d'eux est sans égal.

Pour voir dans ce qui les différencie, une supériorité
ou une infériorité, il faut introduire arbitrairement
une notion d'autorité source de droits ; ainsi s'explique la genèse de l'idée de hiérarchie.

L'individu doit se guérir des individus : qu'il divise
selon son cœur les hommes en meilleurs et en pires,
qu'il les rapetisse selon sa connaissance, sa tendresse
ou sa haine, son admiration ou son mépris, soit, mais
que par conséquence, il croie devoir obéir aux uns
et commander aux autres, voilà ce qui se conçoit mal.

ANACHRONISME

PERSONNAGES

Le Père. — La Mère. — Le Fils.

SCENE I

LE PERE, *seul, se promène dans la salle.*

LE PÈRE. — Il y a des bourgeois retirés des affaires qui ne connaissent pas leur bonheur ! Moi, acteur à perpétuité d'un rôle démodé, je dois toujours être prêt à rentrer en scène. Aujourd'hui, c'est jour de représentation. Alors que dans ma vie privée, j'ai tant de sujets de mécontentement, alors que je suis si triste, si découragé, que tout va mal enfin, il me faut entendre des gens, que je ne connais pas, me féliciter ; je leur répondrai que je suis rempli d'espérance, que tout va bien... ils feront semblant de me croire... et moi aussi... Je suis obligé à tous les frais d'une situation dont je n'ai pas les bénéfices... et ça ne finira jamais...

*Il s'assied, lit les journaux, Gaulois, Univers Ga-
zette de France... décachète ses lettres, et les
rejette avec dégoût... Scène mimée expri-
mant le découragement et l'ennui.*

SCENE II

LE PERE, LA MERE, *entrant.*

LA MÈRE. — Eh bien ! quelles nouvelles de Paris ?

LE PÈRE. — Rien, des demandes toujours ; encore
leur Sacré-Cœur ; ces prêtres sont insatiables. Ils
abusent vraiment de ce que je ne puis refuser.

LA MÈRE. — Ça prouve qu'il y a encore des gens
qui pensent à toi. (*Changeant de ton*). J'ai reçu
une lettre de Mélie.

LE PÈRE. — Eh bien ?

LA MÈRE. — Ça ne va pas non plus là-bas. Elle a
bien des ennuis.

LE PÈRE. — Pauvre fille ! Si elle allait perdre sa
situation... elle aussi.

LA MÈRE. — Ne nous faisons pas de peine d'avance.
— Es-tu prêt pour les recevoir ?

LE PÈRE. — Quelle heure est-il ?

LA MÈRE. — Il est dix heures. Tu as encore une
demi-heure.

(*Un silence triste.*)

LE PÈRE. — Ton fils est averti ? Il faut qu'il soit
là, absolument. — Sais-tu à quelle heure il est rentré
cette nuit ?

LA MÈRE. — Oui. J'ai été obligée, figure-toi, de me

lever pour éteindre le bec de gaz de l'antichambre qu'on avait oublié... Je l'ai entendu rentrer... Il était trois heures. Ah ! il va bien !

LE PÈRE, *agacé*. — Ces domestiques, on ne peut pas se fier à eux. Avec ça qu'on les paye de plus en plus cher... (*Inquiet*). Enfin, qu'est-ce que tu penses de lui ?

LA MÈRE. — De Baptiste ?

LE PÈRE. — De notre héritier ? Est-ce que tu crois qu'il fait des dettes ?

LA MÈRE. — Dieu ! mon pauvre ami, que tu es naïf ! Non, mais l'es-tu assez ! Tu ne sais rien de la vie. Ah ! je comprends que tu te sois fait rouler tant de fois, l'année dernière... (*avec un soupir.*) Enfin, ne revenons pas sur ces souvenirs cruels. Ton fils n'est pas fait autrement que les autres. Il est jeune, il faut qu'il s'amuse. On ne peut pas l'empêcher. Nous avons voulu le marier... le mariage a raté.

LE PÈRE, *navré*. — Alors, il fait la noce ?

LA MÈRE, *avec conviction*. — Comme Henri IV, dit-il. Pourvu seulement qu'il ne se compromette pas bêtement !

LE PÈRE. — Est-ce que tu crains ?...

LA MÈRE. — Ah ! C'est bien ton fils. Il est capable de toutes les maladresses.

LE PÈRE, *rageur* — Maladroit ! maladroit ! toujours ce mot... Ce n'est pas de ma faute... (*Plus bas*.) Si on ne veut pas de nous...

LA MÈRE. — Si c'était moi qui fusse à ta place, ça marcherait autrement... Je me remuerais... mais tu es un trembleur ; avec tes principes, nous mourrons ici après avoir été toute notre vie ridicules...

LE PÈRE, *furieux*. — Ça y est... voilà le mot que j'attendais... ridicule... mais si je suis ridicule, c'est que je ne puis pas être autre chose ; je me conduis selon les principes qu'on m'a inculqués dès mon enfance... nous le sommes tous alors, ridicules... (*Grave.*) D'ailleurs, le souci de ma dignité m'oblige...

LA MÈRE, *l'interrompant furieuse*. — Bon ! voilà les bêtises qui recommencent !

Elle se promène agitée dans toute la pièce... un silence triste et préoccupé.

SCENE III

LES MÊMES, LE FILS, *entrant.*

LE FILS, *épanoui*. — Bonjour, man, bonjour, ppa. (*Un silence, à part.*) Je tombe mal... ce qu'ils deviennent nerveux !...

LE PÈRE, *digne* — Je ne suis pas content de toi. Tu nous fais de la peine, à ta mère et à moi. Tu te laisses aller. Tu devrais comprendre à quelle réserve tu es tenu ; ta position l'oblige.

LE FILS, *avec désinvolture* — Oh ! ma position... elle n'est pas drôle !

LE PÈRE, *prudhommesque*. — Elle est auguste, monsieur... (*Le fils lève les épaules, agacé.*) Tu oublies trop l'avenir qui t'es réservé...

LE FILS, *blagueur*. — L'avenir n'est à personne !

LA MÈRE, *sérieuse*. — L'avenir est à Dieu.

Pendant les répliques qui suivent, la mère reste absorbée dans ses pensées.

LE PÈRE, *simple*. — Et Dieu est avec nous. Il faut être digne de sa confiance... Par tes débordements, tu ne vois donc pas que tu peux compromettre l'avenir de la race ! (*Prudhommesque*.) Je ne veux pas observer ces détails devant ta mère, ni dire ce que l'on risque à descendre jusqu'où tu t'abaisses, à courir...

LE FILS, *furieux et blagueur*. — C'est ça, je suis un être à part, je suis en bois.

LE PÈRE. — Mais, moi, malheureux, ça se sait, je n'ai jamais connu qu'une femme !

LE FILS, *ahuri*. — Ma mère ?

LE PÈRE, *digne*. — Oui.

LE FILS. — Alors, qu'est-ce que tu veux que je fasse ? Rien... Autant retourner en prison !

LE PÈRE, *triste*. — Tu t'ennuies ?

LE FILS. — Royalement.

LE PÈRE, *grave*. — Ecoute. Nous avons résolu de te faire voyager...

LE FILS, *éclatant*. — Voyager, encore... (*les bras croisés.*) Vous voulez m'envoyer aux Indes, ça devient une tradition dans la famille

LE PÈRE, *sérieux*. — Ne dis pas de mal des traditions. (*Plus bas.*) Elles sont notre seule raison d'être.

Il va s'asseoir à droite et regarde les journaux. Un silence. La mère est assise à gauche ; elle lance des regards furieux et dédaigneux sur son mari. Le fils arpente la scène du haut en bas, sifflotant entre ses dents la chanson de l'Expulsion des princes.

LA MÈRE, *à son fils, voulant attirer l'attention du mari, sur qui elle tient à déverser sa tristesse.* — Engage-toi.

LE FILS. — On ne veut de moi nulle part, nulle part.

(*Un silence.*)

LA MÈRE. — La situation est difficile.

LE FILS, *indifférent.* — Nous sommes dans une fausse position... il ne faut pas nous le dissimuler.

LA MÈRE, *ironique et nerveuse.* — Fais comme ton père, attends !

LE PÈRE, *naïvement, sans comprendre le piège.* — Ta mère a raison.

LA MÈRE, *plus nerveuse.* — Ça nous a si bien réussi !

LE FILS, *violent, au père.* — Ah ! mais non, je ne suivrai pas ton exemple. Je ne tiens pas à devenir comme toi.

LA MÈRE, *se levant, vers le père.* — C'est tout ce que tu trouves à lui conseiller, attendre... au lieu de l'engager à agir... agis alors, toi !

LE PÈRE, *accablé.* — Tu as voulu que je me fasse révisionniste, veux-tu maintenant que je devienne républicain ?

LA MÈRE, *furieuse.* — Ils ne voudraient pas de toi !

LE FILS, *ironique et bête.* — Il vaudrait mieux que tu te fasses socialiste. C'est plus à la mode.

LA MÈRE. — Et rien ne doit nous coûter pour arriver.

LE PÈRE, *se lève, violent.* — Ah ça ! Vous êtes fous. Vous faites bon marché de tout ce qui devrait être sacré ! Vous parlez d'action. Vous cherchez des stratagèmes pour nous faufiler... (*Sincère.*) Qu'espérez-vous donc encore ? Laissez-moi mourir comme j'ai vécu, digne et sans compromission...

LE FILS. — Oh, la la ! si on peut dire !

SCENE IV

LES MÊMES, UN LAQUAIS.

LE LAQUAIS. — Ces messieurs arrivent...

(Il sort.)

SCENE V

LE PERE, LA MERE, LE FILS

Grand remue-ménage ; tout en se préparant pour la réception, ils continuent à se disputer à demi-voix, de peur d'être entendus...

La mère se met du rouge aux lèvres, et retape sa coiffure devant la glace ; le père se boutonne et frise sa barbiche ; le fils refait sa raie au milieu du front.

LA MÈRE, *violente, au père.* —Tu te sens fini, bien fini, et veux-tu que je te dise, tu es jaloux de lui, jaloux de ton fils.

LE FILS, *amer.* — Rester digne, me surveiller, mentir toujours, quel avenir !

LE PÈRE, *triste et inquiet.* — Mais taisez-vous donc, on va venir. Ayons l'air d'une famille unie, il le faut. L'union...

LE FILS, *grossier, concluant* — Zut !

SCENE VI

LES MÊMES, DEUX LAQUAIS

DEUX LAQUAIS, *ouvrant à deux battants la porte du fond, annonçant.* — Messieurs les délégués de la droite anticonstitutionnelle !

> *On voit au fond trois hommes en habit et cravate blanche ; celui du milieu porte un drapeau blanc roulé ; l'un tient un gros bouquet, et l'autre déploie un grand papier à fleurs...*

LE DÉLÉGUÉ, *lisant.* — Sire, de Votre Majesté les fidèles sujets... La France tout entière...

LE PÈRE, *dos au public, sa femme à sa gauche, et son fils sur lequel il s'appuie ; ils forment un groupe sympathique.* — Merci, messieurs, votre Roi est content... Ma confiance inébranlable en la sagesse du peuple... La France peut compter sur moi... Dieu, la tradition, le droit divin, le catholicisme, dont messieurs, mon fils, ce noble héritier des vertus de ses ancêtres...

TOUS, *criant à tue-tête.* — Vive le Roi !

RIDEAU

DISCOURS PRONONCES AUX OBSEQUES DE LOUIS MALAQUIN A NICE, LE 17 JUIN 1904.

Discours de M. Jean Capatti, bâtonnier de l'ordre des Avocats du Barreau de Nice

« Messieurs,

« Je viens, au nom du barreau, donner le dernier adieu au confrère qui nous est enlevé brusquement, en pleine jeunesse.

« Louis Malaquin, qui n'était que depuis peu avec nous, a été un bon et loyal confrère. La douceur de son caractère, l'aménité de ses rapports, lui avaient complètement concilié toutes les sympathies.

« Disgracié de la nature, infirme, il s'était spécialement consacré à la défense des humbles et de ceux qui souffrent ; je viens, au nom de mes confrères, qui ne voyaient en lui que bonté et douceur, redire un dernier hommage au confrère aimé qui nous est enlevé prématurément.

« Qu'il repose en paix, notre confrère, dans cette mort qui nous rend tous égaux, les déshérités de la nature comme ceux que le sort a favorisés ; il laisse parmi nous le souvenir d'une carrière trop courte, marquée au coin des qualités qui doivent distinguer l'avocat : la probité et l'ardeur au travail. »

Discours de M. Milhaud, avocat, vice-président de la section niçoise de la Ligue des Droits de l'Homme

« Messieurs,

« Au nom de la section niçoise de la Ligue des Droits de l'Homme et du Citoyen, je viens apporter autour de ce cercueil l'expression de nos amitiés, l'écho de nos tristesses ; je viens déposer le suprême hommage de la ligue pour son Président, pour celui qui était sa fierté propre et dont elle porte aujourd'hui un deuil particulier.

« Louis Malaquin, qui fit ses études au Lycée Condorcet et à la Faculté de Droit de Paris, avait été, de bonne heure, attiré vers la littérature et la philosophie. Dès l'âge de vingt ans, ami de Jean Jullien, de Maurice Barrès, et de tant d'autres de nos grands écrivains, Malaquin aidait à la fondation du Théâtre-Libre et y faisait représenter ses œuvres. Collaborateur aux revues et aux grands quotidiens de Paris, il eût été certainement une personnalité littéraire des plus en vue, si ses goûts simples et modestes ne l'avaient poussé à s'éloigner de Paris. Il y a dix ans environ.

Malaquin venait en effet habiter Nice, et le barreau eut l'honneur, en 1901, de le compter parmi ses membres.

« Doué d'une énergie que seule la mort a pu combattre, notre ami ne pouvait rester indifférent au milieu des événements, encore présents à toutes les mémoires, qui se déroulèrent à une époque où, selon la parole d'Anatole France, l'égoïsme et la peur étaient assis au Conseil du gouvernement et où la justice, l'honneur, la pensée libre semblaient à tout jamais bannis de notre pays.

« Vous devinez, n'est-ce pas, quel parti devait prendre cet honnête et loyal citoyen. La section niçoise de la Ligue des Droits de l'Homme et du Citoyen le compta parmi ses premiers adhérents, et il y avait à ce moment-là un peu plus de mérite, parce qu'un peu plus de danger qu'aujourd'hui, à se faire inscrire à la Ligue.

« Messieurs, sa place parmi nous était tout indiquée et c'est à l'unanimité de ses membres que la section de Nice le nommait président, il y a deux ans, lui renouvelant sa confiance au mois de janvier dernier et se préparait à le rééélire par acclamation dans six mois.

« Ce qui distingua particulièrement Louis Malaquin, ce fut l'ardeur et la sincérité de ses convictions, l'inflexibilité de sa conscience.

« Il allait partout où lui apparaissait la Vérité, sacrifiant non seulement les préjugés au-dessus desquels il se faisait un devoir de se placer, mais sacrifiant aussi ses intérêts les plus évidents. Et ce désintéressement incontestable et incontesté lui a valu l'estime de tous ceux que ses énergiques interventions ont pu froisser, de tous ceux qui combattaient ses vues, les tenant pour erronées ou dangereuses.

« Comme nous tous, Messieurs, membres de la Ligue des Droits de l'Homme de la première heure, c'est-à-dire depuis plus de deux ans, Malaquin voulut sans doute que notre ligue fut l'instrument de réparation et de justice dans l'affaire qui a amené l'organisation de notre belle association humanitaire. Mais il voulait surtout que la ligue fût un organe permanent de justice, ayant pour base le vaste terrain de la Déclaration des Droits de l'homme. Il voulait qu'elle protestât et agît contre toute atteinte portée au droit le plus élémentaire du plus humble des citoyens.

« A cette tâche, il s'était voué tout entier, avec un zèle sans égal, toujours prêt à accueillir les plaintes et examiner les réclamations ; à rédiger des correspondances sans nombre pour obtenir le redressement d'une injustice individuelle.

« Messieurs, il y a laissé sa santé ; il y a sacrifié sa vie. C'est pourquoi ce deuil ne frappe pas seulement sa famille si cruellement éprouvée, et surtout cette compagne dévouée dont les soins et l'affection ont été comme un rayon de soleil dans son existence, mais il sera ressenti par tous ceux qui honorent la loyauté et le désintéressement, le courage unique et la foi dans un idéal de justice et de vérité. »

Discours de M. Georges Mayrargues, au nom de l'Université Populaire de Nice

« Il y a trois jours à peine, nous recevions la nouvelle du décès de l'un de nos amis les plus dévoués de l'Université Populaire, M. le comte de Renesse. Hier, nous apprenions la mort prématurée de Louis Malaquin, membre du comité de notre Université.

« C'est au nom de cette institution que je viens saluer la dépouille mortelle de celui que nous pleurons.

« D'autres vous ont dit le talent, la conscience avec lesquels Louis Malaquin remplissait ses devoirs d'avocat. Je n'ai, quant à moi, qu'à lui apporter le reconnaissant et pieux hommage de l'œuvre d'éducation à laquelle il avait, sans marchander, donné l'appui de sa parole et de son autorité.

« Malaquin était de ceux qui vouent à la cause du peuple toutes les forces de leur âme. Sans compter, sans se soucier du lendemain, il allait comme par instinct, partout où il sentait qu'il y avait des abus à combattre, des luttes à engager pour la justice et pour la vérité. Président de la section niçoise de la Ligue des Droits de l'Homme, vice-président du comité du monument Blanqui, il était toujours prêt à se rendre là où sa présence pouvait être utile pour assurer le triomphe des idées émancipatrices qui lui étaient et qui nous sont si chères.

« C'est à Paris où il était allé assister au congrès de la Ligue des Droits de l'Homme et recueillir des souscriptions pour le monument Blanqui, qu'il a con-

tracté les premiers germes du mal qui nous l'a enlevé.
Un autre plus robuste aurait pu résister à la maladie.
Mais son âme de fer avait usé un corps malheureusement trop débile, et il a succombé à trente-six ans,
victime des fatigues qu'il s'est imposées sans ména-
gement, pour hâter la libération des ouvriers qu'il a
trop aimés.

« Il n'est plus parmi nous qui avons été ses camarades de lutte. Mais sa mémoire vivra dans nos cœurs,
son exemple nous encouragera dans les moments de
découragement et nous tâcherons de continuer son
œuvre avec le même zèle, avec la même activité, avec
le même désintéressement.

« C'est la meilleure offrande funéraire que nous
puissions apporter ici. C'est celle qui lui sera la plus
agréable, si son esprit, dégagé de la matière qui le
retenait prisonnier, est témoin des promesses que
nous faisons sur ce cercueil.

« Et vous qui l'avez soigné avec tant de dévouement
et qui l'avez si longtemps disputé à la mort, permet-
tez-moi en saluant une dernière fois la mémoire de
notre cher disparu, de vous présenter les sincères et
respectueuses condoléances de l'Université Populaire
de Nice. »

*Discours de M. Trabaud, président de la Fédération
des sections des Droits de l'Homme des Alpes-
Maritimes.*

« La Parque implacable — que rien ne rebute : ni
la générosité du cœur, ni la grandeur d'âme — vient
de ravir le camarade Malaquin à notre affection.

« Dès sa venue à Nice, il s'affilia à tous les groupements qui ont pour but la sauvegarde de la liberté et des droits de l'individu, et, surtout, l'amélioration économique de la classe prolétarienne.

« Car Malaquin était un ardent militant dans toute la force de l'expression.

« Il rêva — comme nous rêvons — une plus équitable part de bonheur pour tous ; il envisageait, pour un proche avenir, une organisation sociale meilleure. Il prévoyait une cité de mieux-être pour les générations futures, débarrassées des dogmes stupides des religions barbares qui, depuis toujours, tiennent l'humanité dans l'ignorance crasse et dans l'humiliante et dégradante servilité.

« D'aucuns l'ont qualifié d'idéologue, d'utopiste. Erreur aujourd'hui, vérité demain, se contentait-il de répondre...

« ... Dans toutes nos discussions, Malaquin prenait une large part. Et si quelquefois ses avis n'étaient point partagés par tous, tous néanmoins, nous rendions hommage à son mérite et à sa sincérité.

« ... Pour tous ceux qui l'approchèrent, il fut un ami sympathique et bon ; pour beaucoup de nous, un guide.

« Homme d'action, serviable à l'excès, nulle orgasation ne fit en vain appel à ses connaissances multiples.Jamais il ne se refusa à prêter son concours actif. C'était cependant un modeste. Et sa modestie était aussi grande que son savoir était grand.

« Au nom de la Fédération départementale de là Ligue des Droits de l'Homme, que j'ai la douloureuse mission de représenter ici, je salue une dernière fois le camarade et l'ami dévoué, duquel nous conserverons dans nos cœurs la mémoire de ses bienfaits.

« Malaquin, reçois de tes collègues profondément affligés, un adieu sincère, un adieu final. »

Paud Oddo, au nom des anarchistes de Nice, vient dire le dernier adieu au camarade Malaquin, et ajoute avec le plus admirable à-propos :

« On vous a fait de l'anarchiste un portrait effrayant. Eh bien, l'anarchiste, c'est l'homme dont vous venez d'entendre dire tant de bien. »

Discours de Vercelli, au nom des camarades italiens.

.   .   .   .

« Notre valeureux Malaquin vient donc de payer aussi, hélas trop tôt, son tribu à la mort, à ce météore aveugle et injuste, qui toujours et partout nous ravit nos meilleurs !...

« Il ne nous sera plus donné de contempler cette figure de blond Nazaréen, qui apportait dans nos réunions tant de feu, tant d'éloquence, tant de sens pratique.

« Il ne nous sera donc plus donné d'écouter sa voix, tantôt persuasive, tantôt énergique, selon les instants, nous incitant à l'union, et nous invitant à nous améliorer, à progresser, à combattre pour nous-mêmes.

« Cher et malheureux camarade !... partout où le

moindre espoir que notre Idéal pouvait y germer et se développer, là on était sûr de te trouver : réunions, conférences, grèves, bagarres, rien ne te faisait reculer, et là où un ouvrier luttait, là on te retrouvait pour le soutenir, le conseiller.

« Révolté par conviction et par nature, l'autoritarisme t'a toujours trouvé prêt à le combattre ; ta chaude parole et ta plume ici ont décoché de tels stigmates contre les prépotents qu'ils en ont reculé et réfléchi.

« Révolté par conviction, en exerçant la libre profession d'avocat, tu aurais pu, soignant ton intérêt, te jeter dans la morte cohue bourgeoise dont tu étais issu et t'avantager ; mais cela répugnait à ton âme digne et généreuse, cela s'accordait mal avec la haute distinction de ton esprit, imbu des principes de cette sainte Révolution de nos pères, que tout le monde admire en public, mais qu'hélas beaucoup méprisent en secret, et qu'ils seraient prêts à renier publiquement pour satisfaire leur égoïsme, ou par lâcheté.

« Nous ne pouvons, en ce triste instant, que rappeler le généreux élan avec lequel tu t'es donné à ces pauvres parias continuellement ballottés d'une frontière à l'autre, marqués au front par la misère et la persécution, et apporter leur triste salut à ta dépouille mortelle, car, avec eux et pour eux toujours, tu as su transformer le prétoire et la rue en la tribune de l'homme vraiment libre et rebelle à toutes les conventions sociales qui nous torturent et nous étouffent.

« Ta semaille a été bonne, ô Malaquin ! et ton passage parmi nous, sera toujours rappelé avec un affectueux regret, car nous nous sentions tous attirés par tant de bonté et d'abnégation ; mais à cette heure en laquelle le froid de la mort t'éloigne à jamais de nous, plus que jamais nous sentons que dans notre Malaquin nous perdons non seulement un frère, mais un appui, une force que difficilement nous pourrons remplacer.

« Adieu donc, camarade de foi et de lutte, la Fédération socialiste italienne de Nice et des Alpes-Maritimes, l'Union socialiste de France, le Parti socialiste italien, tandis qu'émus, ils présentent leurs encouragements et leurs souhaits à ta douce compagne, ainsi qu'à ta famille que ton départ prématuré plonge dans une douleur profonde et dans l'irréparable deuil ; en leur nom, j'apporte à toi, courageux champion de l'Idée nouvelle, le dernier salut, en désirant que ton intégrité, ton énergie, ton esprit de sacrifice, retrouvent dans leurs rangs de nombreux imitateurs.

« Adieu donc, Louis Malaquin, au nom de l'Internationalisme qui nous a rapprochés, et qui a fait de nous plus que des amis, des Camarades ; nourrissons l'espoir que la fleur rouge qui t'accompagne à la dernière demeure, s'ouvre vivifiante sur ta tombe, *memento* aux vivants, opprobre aux lâches.

« Adieu !... »

*Discours du citoyen Morel, au nom du Groupe
socialiste niçois.*

« Citoyennes et citoyens,

« Au nom du Groupe socialiste de Nice, je viens
rendre un dernier hommage à celui qui toujours fut
le défenseur des opprimés, à celui qui, en tout temps
et en tout lieu, apporta aux déshérités et aux faibles
le concours de sa parole, de sa pensée libre et humanitaire ; à celui qui, dans les jours de danger, n'eut
pas honte de se trouver parmi les travailleurs **qui**
revendiquaient leur droit à la vie.

« Malaquin est mort à la peine, victime de son
dévouement et aussi de ces assommades policières de
septembre dernier. Oui, citoyens, il faut le reconnaître
et le dire bien haut, Malaquin meurt assassiné par
les défenseurs de l'ordre capitaliste et bourgeois, toujours prêts à défendre le capital contre le travail.

« Travailleurs, souvenons-nous de ces journées
sanglantes, et que la mémoire de Malaquin reste
gravée dans notre pensée, qu'elle nous serve de ral-
liement afin qu'un jour nous puissions le venger.

« Malaquin, ton souvenir restera toujours parmi
la grande famille des travailleurs. Que la devise de
Blanqui, qui fut aussi la tienne, nous serve de ral-
liement. Au nom du groupe socialiste, Malaquin,
adieu.

D'autres discours furent également prononcés, notamment par un jeune socialiste, le camarade **Nègre,**

qui, au nom du Groupe d'études socialistes de Nice, a apporté le dernier adieu au militant Malaquin, flétri la conduite de ses assassins et promis de le venger.

M. Lovergne, qui adressa l'adieu suprême des Chambres syndicales de Nice, a exprimé les regrets du prolétariat, réprouvé les assassins de Louis Malaquin et promis de le venger par la fidélité à ses principes.

M. Barralis, qui a parlé au nom des associations de libre-pensée de Puget-Théniers.

Enfin un délégué des associations de libre-pensée d'Antibes apporta au défunt l'adieu de ses camarades.

Tous ces discours furent écoutés dans le plus profond recueillement.

www.ingramcontent.com/pod-product-compliance
Ingram Content Group UK Ltd.
Pitfield, Milton Keynes, MK11 3LW, UK
UKHW022159120726
13694UKWH00002B/368

9 782013 586252